KÖNIGS ERLÄUTERUNGEN

Band 62

Textanalyse und Interpretation zu

Heinrich Heine

DEUTSCHLAND. EIN WINTERMÄRCHEN

Sabine Hasenbach

Alle erforderlichen Infos für Abitur, Matura, Klausur und Referat
plus Musteraufgaben mit Lösungsansätzen

Bange Verlag

Zitierte Ausgabe:
Heine, Heinrich: *Deutschland. Ein Wintermärchen*. Heftbearbeitung: Elke und Uwe Lehmann. Husum: Hamburger Lesehefte Verlag, 2015.

Über die Autorin dieser Erläuterung:
Sabine Hasenbach hat Mineralogie (mit den Nebenfächern Mathematik, Physik und Chemie) an den Universitäten Köln und Bonn sowie Literaturwissenschaft (mit den Nebenfächern Psychologie und Soziologie) an der FernUniversität in Hagen studiert, wo sie mit einer Arbeit über Katherine Mansfield graduiert worden ist. Sie wohnt in Düsseldorf und arbeitet an der dortigen Heinrich-Heine-Universität. In ihrer Freizeit läuft sie Langstrecke.

Für Lieselotte Poenitz

1. Auflage 2017
ISBN: 978-3-8044-2037-3
PDF: 978-3-8044-6037-9, EPUB: 978-3-8044-7037-8

Druck und Weiterverarbeitung: Tiskárna Akcent, Vimperk

1. DAS WICHTIGSTE AUF EINEN BLICK – SCHNELLÜBERSICHT 6

2. HEINRICH HEINE: LEBEN UND WERK 9

2.1 Biografie 9
2.2 Zeitgeschichtlicher Hintergrund 16
Die Restauration 16
Der Vormärz 20
Wichtige Publikationen des literarischen Vormärz 24
2.3 Angaben und Erläuterungen zu wesentlichen Werken 26

3. TEXTANALYSE UND -INTERPRETATION 31

3.1 Entstehung und Quellen 31
3.2 Inhaltsangabe 37
Vorwort 39
Caput I 39
Caput II 40
Caput III 40
Caput IV 41
Caput V 42
Caput VI 43
Caput VII 43
Caput VIII 44
Caput IX 44
Caput X 45

Caput XI 45
Caput XII 46
Caput XIII 46
Caput XIV 47
Caput XV 48
Caput XVI 48
Caput XVII 49
Caput XVIII 50
Caput XIX 51
Caput XX 51
Caput XXI 52
Caput XXII 53
Caput XXIII 54
Caput XXIV 56
Caput XXV 57
Caput XXVI 57
Caput XXVII 59

3.3 Aufbau 61
Metrikanalyse 61
Poetologisches Konzept und Struktur 62

3.4 Personenkonstellation und Charakteristiken 64
Das Ich 64
Reale Personen 65
Imaginierte Personen 66

3.5 Sachliche und sprachliche Erläuterungen 69

3.6 Stil und Sprache 74
Satire, Parodie/Pastiche 74
Rekurs auf Mythen 77
Themen und Motive 78
Stilmittel 82

3.7 Interpretationsansätze 84
Politische Dichtung 84
Heinrich Heine – ein Intellektueller? 87

4. REZEPTIONSGESCHICHTE 92

Rezeption der Schriftsteller 92
Rezeption in der Literaturwissenschaft 94
Das *Wintermärchen* im 21. Jahrhundert 96
Die Stadt Düsseldorf und Heinrich Heine 96

5. MATERIALIEN 99

Der Reisebericht in der Literatur 99
Die Satire 101

6. PRÜFUNGSAUFGABEN MIT MUSTERLÖSUNGEN 104

LITERATUR 122

STICHWORTVERZEICHNIS 125

1. DAS WICHTIGSTE AUF EINEN BLICK – SCHNELLÜBERSICHT

Damit sich jeder Leser in unserem Band rasch zurechtfindet und das für ihn Interessante gleich entdeckt, hier eine Übersicht:

Im 2. Kapitel beschreiben wir Heinrich Heines Leben und stellen den **zeitgeschichtlichen Hintergrund** dar:

⇨ S. 9

→ Heinrich Heine wurde am **13. Dezember 1797 in Düsseldorf geboren** und **starb am 17. Februar 1856 in Paris**. Er lebte in Hamburg, Bonn, Göttingen, Potsdam und Berlin. 1831 emigrierte er nach Paris.

⇨ S. 16

→ Zeitgeschichtlich ist *Deutschland. Ein Wintermärchen* vor dem Hintergrund der **Restauration** und des historischen **Vormärz** zu sehen.

Im 3. Kapitel bieten wir eine **Textanalyse und -interpretation**.

Deutschland. Ein Wintermärchen – Entstehung und Quellen:

⇨ S. 31

→ Inspiration durch eine Reise von Paris nach Hamburg, 1943.
→ Januar 1844–Mai 1844: Heine schreibt *Deutschland. Ein Wintermärchen*.
→ September 1844: Publikation des *Wintermärchens* in den *Neuen Gedichten* im Verlag Hoffmann und Campe, Hamburg.
→ Oktober/November 1844: Veröffentlichung in der Pariser Zeitschrift *Vorwärts!* von Karl Marx.
→ Oktober 1844: Publikation des *Wintermärchens* als Einzelausgabe im Verlag Hoffmann und Campe, Hamburg.

Inhalt:

1843 reist ein „Ich" aus Paris kommend nach Hamburg. Die Reise führt durch das aus zahlreichen souveränen Einzelstaaten bestehende Deutschland, so durch das Königreich Preußen, das Fürstentum Lippe und das Königreich Hannover. Die vorgefundenen politischen Verhältnisse erfüllen das lyrische Ich mit Erbitterung, dem es satirisch Ausdruck verleiht. Es träumt von einem geeinten Deutschland mit einem einigenden Staatsmann wie Friedrich Barbarossa. Diesem neuen Deutschland will es eine Dichtung widmen. Nach einem desillusionierenden Traum von Barbarossa erreicht das Ich schließlich Hamburg, wo es mit Hilfe der Schutzgöttin Hammonia einen Blick auf das zukünftige Deutschland werfen kann. Nach dem Anblick beschwört es eine neue offene Generation, verweist auf die Kraft der neuen Dichter und formuliert eine Warnung an den preußischen König Friedrich Wilhelm IV.

⇨ S. 37

Aufbau, Chronologie und Schauplätze:

Deutschland. Ein Wintermärchen besteht aus einem Vorwort und 27 Capita (Caput I–XXVII). Diese sind in Strophenform (Volksliedstrophe) gestaltet. Die Strophen umfassen je vier Verse mit einfachem Reimschema a-b-c-b. Das Metrum wird überwiegend von Jamben bestimmt.

⇨ S. 61

Schauplätze des Versepos sind Aachen, Köln, Mülheim, Hagen, der Teutoburger Wald, Paderborn, der Kyffhäuser, Minden, Bückeburg, Hannover, Hamburg sowie in einer Analepse Paris (Beisetzung Napoleons). Die chronologische Reihenfolge dominiert, nur in Caput VIII erscheinen zwei Analepsen.

Personen:

➪ S. 64

In *Deutschland. Ein Wintermärchen* erscheinen reale, dem „Ich" begegnende Personen sowie vom Ich imaginierte Personen (z. B. König Barbarossa, Spiritus familiaris, Hammonia). Die realen Personen sind zum Teil Symbole der herrschenden politischen Verhältnisse, andere stehen in persönlich-biografischer Beziehung zum „Ich". Die imaginierten Personen wie Barbarossa oder Hammonia verkörpern Stagnation, während das Ich den Wunsch nach politischer Veränderung trägt.

Stil und Sprache Heinrich Heines:

➪ S. 74

Das Versepos ist satirisch gehalten. Außerdem rekurriert Heine auf deutsche und antike Mythen. Er setzt Motive und deren Wiederholungen ein, sowie rhetorische Mittel wie Ironie, Metapher, Personifikation und Symbole. Dieses Vorgehen verschleiert die eigentliche Aussage des Versepos und versucht so, die Zensur zu unterlaufen.

Interpretationsansätze:

Auf **folgende Interpretationsansätze** gehen wir näher ein:

➪ S. 84
→ Politische Dichtung
➪ S. 87
→ Heinrich Heine – ein Intellektueller?

2. HEINRICH HEINE: LEBEN UND WERK

2.1 Biografie

Heinrich Heine (1797–1856) © Georgios Kollidas – fotolia.com

JAHR	ORT	EREIGNIS	ALTER
1797	Düsseldorf	13. Dezember: Harry Heine wird in Düsseldorf als ältester Sohn des jüdischen Tuchhändlers Samson Heine und seiner Ehefrau Elisabeth geboren. Harry folgen drei Geschwister.	
1801	Düsseldorf	Heine besucht die Kinderschule der reformierten Gemeinde.	4
1803/ 1804	Düsseldorf	Heine erhält Unterricht an einer jüdischen Privatschule. Ab 1804 besucht er die städtische Grundschule im Franziskaner-Kloster. Als er seine jüdische Herkunft publik macht, wird er von seinem Lehrer geschlagen.	6/7
1806	Düsseldorf	Simon van Geldern, der Onkel mütterlicherseits, lässt Heine seine Privatbibliothek benutzen und fördert sein literarisches Interesse.	9
1807	Düsseldorf	April: Eintritt in das Lyzeum.	10
1811	Düsseldorf	**Einzug Napoleons** am 3. November. Der junge Heine ist tief beeindruckt. Ein in seinem Elternhaus einquartierter französischer Soldat bringt ihm die Ideen der Französischen Revolution nahe.[1]	14
1814	Düsseldorf	Heine verlässt das Lyzeum ohne Reifezeugnis und wechselt auf die Handelsschule; Lehrling im Geschäft des Vaters.	17
1815	Frankfurt/ Main	Kaufmännische Assistenz bei dem Bankier Jakob Beer Rindskopf.	18

1 Hupfer, S. 41.

JAHR	ORT	EREIGNIS	ALTER
1816	Hamburg	Heine beginnt auf Vermittlung seines wohlhabenden Onkels Salomon eine Banklehre. Unerwiderte Liebe zu seiner Cousine Amalie.	19
1817	Hamburg	**Publikation erster Gedichte** unter dem Pseudonym *Sy Freudhold Riesenharf*.[2]	20
1818	Hamburg	Aufnahme in die jüdische Gemeinde. Heine eröffnet das Tuchwarengeschäft „Harry Heine & Comp." und macht ein Jahr später Konkurs, ebenso sein Vater, der entmündigt wird.	21
1819	Bonn	Heine immatrikuliert sich, nachdem er eine Aufnahmeprüfung abgelegt hat, an der juristischen Fakultät der Preußischen Rheinuniversität[3] in Bonn. Er hört Vorlesungen der Philosophie und Geschichtswissenschaft, u. a. bei August Wilhelm Schlegel[4] und Ernst Moritz Arndt[5]. Sein Onkel finanziert ihn.	22
1820	Bonn	Heine beginnt mit der Arbeit an der Tragödie *Almansor*. Im August erscheint der Aufsatz *Die Romantik*.	23
	Göttingen	Heine immatrikuliert sich an der Georgia-Augusta-Universität Göttingen. Er nimmt an verbotenen burschenschaftlichen Versammlungen teil.	
1821	Göttingen	Im Januar wird Heine wegen eines Duells exmatrikuliert.	24
	Berlin	Im April immatrikuliert Heine sich an der Humboldt-Universität zu Berlin, wo er u. a.	

---

2 Anagramm von „Harry Heine Dusseldorff".
3 Später umbenannt in Rheinische Friedrich-Wilhelms-Universität Bonn.
4 Literat und Übersetzer, begründete zusammen mit seinem Bruder Friedrich Schlegel und Novalis die Frühromantik.
5 Lyriker und Professor für Geschichtswissenschaft.

JAHR	ORT	EREIGNIS	ALTER
1821	Berlin	Vorlesungen bei dem Juristen Friedrich Carl von Savigny und dem Philosophen Georg Wilhelm Friedrich Hegel[6] hört. Bekanntschaft mit den Romantikern Adelbert von Chamisso und Friedrich de la Motte Fouqué. Begegnung mit Rahel und Karl August Varnhagen von Ense.[7] Fragmente aus *Almansor* erscheinen in der Zeitschrift *Der Gesellschafter.*	24
1822	Berlin	Heine wird Mitglied im „Verein für Cultur und Wissenschaft der Juden" und unterrichtet dort. Reise nach Polen. Begegnung mit Christian Dietrich Grabbe[8].	25
1823	Berlin	Der Reisebericht *Über Polen* erscheint, ebenso die Sammlung *Tragödien, nebst einem lyrischen Intermezzo* mit den Dramen *William Ratcliff* und *Almansor.* Beginn der Freundschaft mit Karl Leberecht Immermann [9]. Reise nach Lüneburg, Hamburg und Cuxhaven.	26
1824	Göttingen Weimar	Heine kehrt nach Göttingen zurück und immatrikuliert sich erneut an der dortigen Universität. Er unternimmt eine **Fußwanderung durch den Harz**. Heine besucht Goethe.	27

---

6 Begründer der Philosophie des deutschen Idealismus.
7 Einflussreiches Ehepaar, in dessen Berliner Salon sich die führenden Literaten trafen. Varnhagen von Ense war ebenfalls Düsseldorfer.
8 Mit Georg Büchner der wichtigste Dramatiker des Vormärz.
9 Zeitkritischer Dramatiker und Reformer des Düsseldorfer Theaters. Er holte Christian Dietrich Grabbe nach Düsseldorf.

JAHR	ORT	EREIGNIS	ALTER
1825	Heiligenstadt	Heine konvertiert zum Protestantismus und wird auf den Namen Christian Johann Heinrich getauft.	28
	Göttingen	Heine wird zum Doktor jur. promoviert.	
	Norderney	Sommerurlaub auf Norderney.	
	Hamburg	Heine zieht nach Hamburg, wo er als freier Schriftsteller zu leben versucht. Sein Onkel unterstützt ihn weiterhin finanziell.	
1826	Hamburg	**Heine lernt Julius Campe kennen**, der sein Verleger wird. Der erste Teil der *Reisebilder* erscheint (*Die Harzreise, Die Nordsee, I.*).	29
1827	Großbritannien	Heine unternimmt eine Englandreise.	30
	Hamburg	Der zweite Teil der *Reisebilde*r erscheint (*Die Nordsee, II und III*; *Ideen. Das Buch Le Grand* und *Briefe aus Berlin*). Außerdem erscheint die Lyrikanthologie *Buch der Lieder*. Er lernt Carl Ludwig Börne[10] kennen.	
	München	Heine reist nach München, wo er Redakteur der *Neuen allgemeinen politischen Annalen* wird. Der Plan, an der dortigen Universität eine Professur für Literaturgeschichte zu bekommen, scheitert.	
1828	Italien	Von August bis November bereist Heine Mailand, Genua, Lucca, Florenz und Venedig. Im Dezember stirbt sein Vater.	31
1829	Berlin/ Potsdam	Heine zieht zunächst nach Berlin, dann nach Potsdam. *Reisebilder III* erscheint und provoziert. Eine angestrebte Privatdozentur für Philosophie wird ihm verwehrt.	32

10 Eigentlich Juda Löw Baruch, zeitkritischer Journalist.

JAHR	ORT	EREIGNIS	ALTER
1831	Paris	*Reisebilder IV* erscheint. **Heine siedelt nach Paris über.** Er beginnt als Korrespondent für die liberale *Augsburger Allgemeine Zeitung* von Gustav Kolb zu berichten.	34
1832	Paris	Heine nimmt an Versammlungen der Saint-Simonisten[11] teil. Erste Lähmungserscheinungen. Er verfasst die Artikelserie *Französische Zustände* für die *Augsburger Allgemeine Zeitung*. Die Publikation wird verboten.	35
1833	Paris	Heines Aufsatz *État actuel de la littérature en Allemagne. De l'Allemagne depuis Madame de Staël* erscheint in der Pariser Zeitschrift *L'Europe littéraire*. Der erste Sammelband *Salon* erscheint (mit dem Aufsatz *Französische Maler*, dem Gedichtzyklus *Verschiedene* und dem Erzählfragment *Aus den Memoiren des Herren von Schnabelewopski*.	36
1834	Paris	Heine lernt die Schuhverkäuferin Augustine Crescence Mirat (genannt Mathilde; 1815–1883) kennen, die seine Lebensgefährtin wird. Er arbeitet an der Schrift *Zur Geschichte der Religion und Philosophie in Deutschland*, die unter dem Titel *De l'Allemagne depuis Luther* in der Zeitschrift *Revue des deux mondes* erscheint.	37
1835	Paris	Der zweite Band des *Salons* erscheint, Bekanntschaft mit der Schriftstellerin George Sand. **In Preußen werden sämtliche Schriften Heines verboten.**	38

11 Frühsozialistische Bewegung, initiiert durch den Sozialwissenschaftler Graf Claude-Henri de Saint-Simon.

JAHR	ORT	EREIGNIS	ALTER
1836	Paris	Heine erkrankt an Hepatitis.[12] Der Aufsatz *Die romantische Schule*[13] wird in Deutschland publiziert.	39
1837	Paris	Heine erkrankt an einem Augenleiden. Der dritte Band des *Salons* erscheint, u. a. mit den Prosatexten *Florentinische Nächte* und *Elementargeister*.	40
1838	Hamburg	Veröffentlichung des *Schwabenspiegels* und des Aufsatzes *Shakespeares Mädchen und Frauen*.	41
1839	Paris	Heine begegnet Richard Wagner.	42
1840	Hamburg	*Ludwig Börne. Eine Denkschrift* erscheint. Der vierte Band des *Salons* mit den *Briefen über die französische Bühne* und dem Erzählfragment *Rabbi von Bacherach* sowie Gedichten und Romanzen erscheint.	43
1841	Paris	**Heine heiratet Augustine Crescence Mirat (Mathilde).** Bei einem Duell erleidet er eine Hüftverletzung. Beginn mit dem satirischen Versepos *Atta Troll. Ein Sommernachtstraum*.	44
1843	Leipzig Deutschland Hamburg	Publikation des *Atta Troll. Ein Sommernachtstraum* und des Gedichts *Nachtgedanken* in der *Zeitung für die elegante Welt*. Heine lernt Arnold Ruge[14], Friedrich Hebbel[15] und Karl Marx kennen. Oktober bis Dezember: Beginn der ersten Deutschlandreise (u. a. Aachen, Köln, Bremen, Hamburg). Aufenthalt in Hamburg.	46
1844	Deutschland Hamburg	Juli bis September: zweite Deutschlandreise. Oktober: ***Deutschland. Ein Wintermärchen* erscheint.**	47

12 Entzündung der Leber; umgangssprachlich häufig fälschlicherweise als „Gelbsucht" bezeichnet.
13 Der Aufsatz wurde in frz. Zeitungen veröffentlicht, 1836 wurde er in Deutschland gedruckt.
14 Zeitkritischer Publizist.
15 Dramatiker und Lyriker.

JAHR	ORT	EREIGNIS	ALTER
1844	Paris	Heine lernt Ferdinand Lassalle[16] kennen und schreibt für die von Marx und Ruge herausgegebenen Deutsch-Französischen Jahrbücher.	47
	Schlesien	Juni: Weberaufstand.	
	Hamburg	Im Juli reist Heine erneut nach Hamburg. Nach dem Tod seines Onkels und Finanziers Salomon Heine im Dezember will er seinen weiteren Unterhalt sichern.[17]	
1845	Paris	Heine entgeht der von Preußen geforderten Abschiebung aus Frankreich,[18] da er als ehemaliger französischer Staatsbürger auf ein Residenzrecht für Frankreich bestehen kann.	48
1848	Paris	Heine berichtet für die *Augsburger Allgemeine Zeitung* über die Pariser Februarrevolution. Er erleidet einen gesundheitlichen Zusammenbruch. Die damit einhergehende Lähmung fesselt ihn für den Rest seines Lebens ans Bett („Matratzengruft").	51
1851	Hamburg	Die Gedichtsammlung *Romanzero* und *Der Doktor Faust* erscheinen.	54
1854	Hamburg	Veröffentlichung von *Vermischte Schriften* (u. a. Berichte für die *Augsburger Allgemeine Zeitung*; *Die Götter im Exil*; *Geständnisse*).	57
1855	Paris	Besuche seiner Geschwister Charlotte und Gustav.	58
1856	Paris	**Heine stirbt am 17. Februar.** Er wird auf dem Cimetière Montmartre beigesetzt.	59

---

16 Schriftsteller und Gründer der deutschen Arbeiterbewegung.

17 Die Familie finanziert ihn ab 1847 unter der Bedingung weiter, dass er sie in seinen Schriften nicht erwähnt.

18 Mitarbeiter der Zeitschrift *Vorwärts* werden auf preußischen Druck hin durch den frz. Innenminister aus Frankreich ausgewiesen, darunter auch Karl Marx.

2.2 Zeitgeschichtlicher Hintergrund

ZUSAMMENFASSUNG

Nach der Niederlage Napoleons sollte mit dem Wiener Kongress 1814/1815 Europa neu geordnet werden. Während die deutschen Delegierten einen deutschen Nationalstaat konstituieren wollten, setzte sich Fürst Metternich mit dem „Deutschen Bund" durch: Ein Bündnis aus 35 deutschen Fürstentümern und vier freien deutschen Städten.
Die deutschen Fürsten verfolgten in der Folgezeit eine Politik der Restauration, während sich das „Junge Deutschland" für eine politische Einheit einsetzte: Die heftigen politischen Spannungen waren vorprogrammiert. 1819 wurden die Karlsbader Beschlüsse gefasst und mit ihnen Burschenschaften verboten und u. a. eine Presse- und Buchzensur eingeführt, um die Opposition zu kontrollieren und nach Möglichkeit auszuschalten. Das bekam auch Heinrich Heine im Pariser Exil zu spüren, da durch die Zensur die Publikation von *Deutschland. Ein Wintermärchen* (1844) schwierig war. In Deutschland litt die Bevölkerung Hunger. Erst im März 1848 kam es zur Revolution gegen die alte Ordnung der deutschen Fürsten.

Die Restauration

Wiener Kongress 1814/15 zur Neuordnung Europas

Nach den Napoleonischen Kriegen und der Niederlage Napoleons I. 1814 war eine Neuordnung in Europa nötig. Der Begriff **Restauration** steht dabei in Deutschland für die zeitgeschichtliche Epoche von 1815 bis 1830. Ihre Geburtsstunde ist der **Wiener Kongress**, der am 18. September 1814 begann und am 9. Juni 1815 endete: Er konstituierte sich zum Zwecke der territorialen Neuordnung Europas.

Bei kritischer Prüfung des historischen Geschehens wird offensichtlich, dass alte Ordnungen rekonstituiert wurden, denn die politischen Prinzipien waren **Restauration** (Wiederherstellung des politischen Zustandes von 1792), **Legitimität** (Prinzip zur Rechtfertigung der Ansprüche der alten Dynastien) und **Solidarität** (gemeinsame Interessenpolitik legitimer Fürsten zur Abwehr revolutionärer Ideen oder Bewegungen).

Kein deutscher Nationalstaat, sondern Gründung des „Deutschen Bundes"

Was bedeutete das für Deutschland? Gegen den Wunsch der deutschen Delegierten vom Stein[19], Arndt und Görres[20], den von Napoleon geschaffenen Rheinbund[21] zu einem deutschen Nationalstaat zu formieren, konstituierte sich auf Betreiben des österreichischen Diplomaten von Metternich der „Deutsche Bund": bestehend aus 35 deutschen Fürstentümern und vier freien deutschen Städten, darunter Hamburg. Sitz der Legislative war Frankfurt. **Eine einheitliche Außen- oder Wirtschaftspolitik war in diesem Staatenbündnis nicht vorgesehen.** Erst 1834 kam es zur **Gründung des Deutschen Zollvereins**, der die innerdeutschen Zollschranken beseitigte und so zu einem wirtschaftlichen Aufschwung führte.[22]

Gegen nationale und liberale Bewegungen

Die beiden Großmächte Preußen unter König Friedrich Wilhelm III.[23] und Österreich mit Metternich hatten weitreichende Befugnisse und **machten eine Vereinigung aller Einzelstaaten unmöglich**. Als Reaktion auf die Rückkehr Napoleons aus seinem Exil am 1. März 1815 und seiner erneuten Machtübernahme sowie seiner endgültigen Niederlage in Waterloo am 18. Juni 1815 („Herr-

---

19 Friedrich Karl Reichsfreiherr vom und zum Stein: Preußischer Staatsminister und Reformer.
20 Joseph Görres: Publizist, Herausgeber des *Rheinischen Merkur* (1814). Er postulierte die Einheit, Selbstbestimmung und Demokratisierung Deutschlands.
21 Rheinbund: militärisches Bündnis deutscher Staaten mit Frankreich bis zur Völkerschlacht in Leipzig (1813).
22 Heine spielt in Caput II darauf an.
23 Ab 1840 Friedrich Wilhelm IV.

schaft der 100 Tage") gründeten Russland, Österreich und Preußen im September 1815 die „Heilige Allianz". Diese sah sich dem Gottesgnadentum verpflichtet und leitete daraus das Recht ab, gegen nationale und vor allem gegen liberale Kräfte vorzugehen. Heine erwähnt dieses Staatenbündnis kritisch (vgl. auch Symbol der Hl. Drei Könige):

> „Die Heil'ge Allianz des Morgenlands,
> Die jetzt kanonisieret,
> Sie hat vielleicht nicht immer schön
> Und fromm sich aufgeführet."
> (Caput IV, S. 15, V. 297–300)

Auch auf Napoleons „Herrschaft der 100 Tage" geht der **Napoleon-Verehrer Heine** ein:

> „Der Kaiser ist auferstanden seitdem,
> Doch die englischen Würmer haben
> Aus ihm einen stillen Mann gemacht,
> Und er ließ sich wieder begraben."
> (Caput VIII, S. 25, V. 633–636)

Wartburgfest 1817: liberal-nationale Bestrebungen

Als Reaktion auf diese politischen Verhältnisse und als Folgephänomen der gegen das hegemoniale Prinzip gerichteten napoleonischen Befreiungskriege entwickelte sich in der Folge eine politische Opposition freiheitlich-nationaler Prägung. So gründete sich neben anderen oppositionellen Vereinigungen 1815 die Jenenser Burschenschaft als Ausdruck eines politischen Wollens, das im Wartburgfest 1817 symbolischen Ausdruck fand. Aufgrund dieser liberal-nationalen Bestrebungen und entsprechend des o. g. Prinzips der Solidarität initiierte Metternich 1819 den Karlsbader Kongress, auf dem Maßnahmen zur Abwehr und Unterdrückung liberaler Bestrebungen diskutiert und verabschiedet wurden.[24]

Unterdrückung der Opposition

Ergebnis dieses Vorgehens waren die **Karlsbader Beschlüsse** mit Zensur, Überwachung der Universitäten, Auflösung der Burschenschaften und Verfolgung Oppositioneller (Demagogenverfolgung), bei der Metternich gezielt Denunzianten einsetzen ließ („System Metternich"). Auf die Demagogenverfolgung geht Heine in seinem Versepos ironisch ein:

„Gesetzlose Willkür herrschte nie,
Dem schlimmsten Demagogen
Ward niemals ohne Urteilsspruch
Die Staatskokarde entzogen."
(Caput XXV, S. 59, V. 1814–1817)

Die Verfolgung und Sanktionierung national-liberalen Denkens endete erst mit der Revolution von 1848.

Zensur

Heine spielt in *Deutschland. Ein Wintermärchen* auch auf die **Zensur** der damaligen Zeit an. Repräsentativ dafür sind folgende Zeilen:

„Während die Kleine von Himmelslust
Getrillert und musizieret,
Ward von den preußischen Douaniers
Mein Koffer visitieret.

24 Zusätzliche Legitimation erhielt der Kongress durch die Ermordung des Dramatikers August von Kotzebue durch den Burschenschafter Karl Ludwig Sand 1815.

Beschnüffelten alles, kramten herum
In Hemden, Hosen, Schnupftüchern;
Sie suchten nach Spitzen, nach Bijouterien,
Auch nach verbotenen Büchern."
(Caput II, S. 9, V. 79–86)

Der Vormärz

Julirevolution in Frankreich 1830

Auf die soeben dargestellte Zeit der Restauration folgte der sogenannte Vormärz, der sowohl eine historische als auch eine literaturgeschichtliche Epoche bezeichnet. **Historisch umfasst er den Zeitraum von 1830 bis 1848.** Das den Vormärz initialisierende geschichtliche Ereignis ist die **französische Julirevolution von 1830**, in deren Verlauf König Karl X. gestürzt und durch den „Bürgerkönig" Louis-Philippe I. ersetzt wurde. Dieses Ereignis bewirkte **in Deutschland starke Oppositionsbewegungen**, die auf den Sturz der jeweiligen Landesfürsten gerichtet waren. Heine verweist darauf mit folgenden Versen:

Unruhen in Deutschland

„Wir fuhren durch Mülheim. Die Stadt ist nett,
Die Menschen still und fleißig.
War dort zuletzt im Monat Mai
Des Jahres einunddreißig.

Damals stand alles im Blütenschmuck,
Und die Sonnenlichter lachten,
Die Vögel sangen sehnsuchtsvoll,
Und die Menschen hofften und dachten –

Sie dachten: ‚Die magere Ritterschaft
Wird bald von hinnen reisen,
Und der Abschiedstrunk wird ihnen kredenzt

Aus langen Flaschen von Eisen!'"
(Caput VIII, S. 24, V. 605–616)

Wieder war es ein Fest, das diese Bestrebungen symbolisierte, nämlich das **Hambacher Fest von 1832**, auf dem ca. 30.000 Menschen aller sozialen Schichten (vom Adel natürlich abgesehen) für einen Nationalstaat auf der Grundlage einer Verfassung mit **Volkssouveränität** und nicht zuletzt für **soziale Gerechtigkeit** demonstrierten. Auch Arbeiter waren unter ihnen, denn parallel zur Unzufriedenheit der Intelligenz hatte sich eine Unzufriedenheit der einfachen Menschen entwickelt, die sich blanker Not ausgesetzt sahen. Aufgrund der industriellen Revolution, einer nach 1815 einsetzenden Bevölkerungsexplosion und wegen eines Überangebotes an Arbeitskräften entstanden Pauperismus[25] und damit einhergehende Hungersnöte. Stellvertretend für dieses Elend sei hier der **Aufstand der schlesischen Weber**[26] von 1844 genannt, den der preußische König Friedrich Wilhelm IV. zusammenschießen ließ.

Hambacher Fest 1832

1844: Aufstand der schlesischen Weber

Ausgerechnet eine Angehörige der von Heine gescholtenen Romantik, Bettina von Arnim, formulierte schon 1843 in der an Friedrich Wilhelm IV. gerichteten Denkschrift *Dies Buch gehört dem König* die sozialpolitische Position, dass der Staat sich um das Wohl seiner im Elend lebenden Bürger zu kümmern habe, woraufhin sie in der allgemeinen Hysterie des Kommunismus verdächtigt und interniert wurde. Die schwere Wirtschaftskrise von 1846/47, in deren Verlauf es zu Hungerepidemien kam, führte schließlich zur Revolution vom März 1848.

März-Revolution 1848

---

25 Massenarmut.
26 Heine reagierte auf den Aufstand mit dem grandiosen Gedicht *Die schlesischen Weber* (1844).

In *Deutschland. Ein Wintermärchen* finden sich Verweise auf die prekären Verhältnisse der Arbeiter, so heißt es:

„Wir wollen auf Erden glücklich sein
Und wollen nicht mehr darben;
Verschlemmen soll nicht der faule Bauch,
Was fleißige Hände erwarben.

Es wächst hienieden Brot genug
Für alle Menschenkinder,
Auch Rosen und Myrten, Schönheit und Lust,
Und Zuckererbsen nicht minder.

Ja, Zuckererbsen für jedermann,
Sobald die Schoten platzen!
Den Himmel überlassen wir
Den Engeln und den Spatzen."
(Caput I, S. 8, V. 38–49)

Der **Vormärz als literarische Epoche** ist sowohl die Antwort auf den Vormärz als historische Epoche als auch auf die literaturgeschichtliche Epoche des Biedermeier.

Vormärz als Antwort auf die herrschenden politischen Verhältnisse

Die von 1815 bis 1848 sich erstreckende literaturhistorische **Epoche des Biedermeier** war geprägt durch eine Literatur der Innerlichkeit. Anders verhält es sich bei der literaturhistorischen Epoche des Vormärz, die sich 1830 zu etablieren beginnt und 1848 endet. Die Autoren des Vormärz waren von Rückzug ins Private weit entfernt. Auf der Grundlage eines fortschrittlich-sozialistischen Selbstverständnisses versuchten sie der Literatur eine neue Bedeutung zu geben. Entsprechend etablierten sich neue literarische Formen: **der Essay, das Reisebild und der fiktive Brief**. Nicht mehr den ästhetischen Kategorien der literarischen Klassik sollte die Literatur verpflichtet sein, sondern als **Medium einer politischen Haltung** fungieren.

Literatengruppe „Junges Deutschland"

Propagiert wurde dies besonders von der Autorengruppe des „Jungen Deutschland" mit dem Dramatiker und Journalisten Karl Gutzkow, dem Dramatiker Heinrich Laube sowie den Schriftstellern Theodor Mundt und Ludolf Wienbarg. Inspiration bezog diese Gruppe durch **Ludwig Börne**, an dessen kritischen Journalismus es sich orientierte, und durch die Philosophie Georg Wilhelm Friedrich Hegels, der im Vorwort zu seinem 1807 erschienenen Hauptwerk *Die Phänomenologie des Geistes* feststellte, „dass unsere Zeit eine Zeit der Geburt und des Übergangs zu einer neuen Periode ist"[27]. Das „Junge Deutschland" bildete den Kern der liberalen Bewegung in der Literatur, die in der Literaturgeschichte mit dem Terminus „Vormärz" bezeichnet wird und zu der der Dramatiker Georg Büchner ebenso gehört wie die Lyriker August Heinrich Hoffmann von Fallersleben und Georg Herwegh, Ferdinand Freiligrath und Georg Weerth.

Tendenzpoeten

Auch Heinrich Heine kann dem literarischen Vormärz zugeordnet werden, doch er verwahrte sich gegen jegliche Vereinnahmung durch zeitgenössische literarische Kreise, die er als „Tendenzpoeten"[28] bezeichnete. Nichtsdestotrotz wurden 1835 in Preußen neben den Publikationen des „Jungen Deutschland" auch seine Bücher verboten. Die freie Stadt Hamburg wurde von entsprechender Stelle aufgefordert, Heines Verleger Campe „die geeignete Verwarnung zukommen zu lassen" (S. 68).

---

27 Gedö, András: *Philosophie zwischen den Zeiten. Auseinandersetzungen um den Philosophiebegriff im Vormärz*: Walter Jaeschke (Hrsg.): Philosophie und Literatur im Vormärz. Der Streit um die Romantik (1820–1854). Hamburg: Felix Meiner Verlag, 1995, S. 8.

28 Kölsch, Hanskarl: *Heinrich Heine. Zeit – Leben – Werk. Ein Wintermärchen*, S. 66.

Heinrich von Fallersleben

Wie gnadenlos die preußische Regierung gegen Schriftsteller, die ihr nicht passten, vorging, lässt sich exemplarisch an August Heinrich Hoffmann von Fallersleben zeigen, dem Vater der deutschen Nationalhymne. Als er 1840 seine Lyrikanthologie *Unpolitische Lieder* publizierte, ließ die preußische Regierung das Buch verbieten, entzog ihm 1842 pensionslos seine Professur für Literaturwissenschaft und 1843 die preußische Staatsbürgerschaft. Für von Fallersleben bedeutete dies eine Odyssee durch die deutschen Kleinstaaten, so fand er in Mecklenburg Unterschlupf als Kuhhirte.

Wichtige Publikationen des literarischen Vormärz[29]

→ *Napoleon oder die hundert Tage* von Christian Dietrich Grabbe (1831, Drama): Grabbe poetisiert die Ereignisse von der Rückkehr Napoleons aus seinem Exil im März 1815 bis zu seiner endgültigen Niederlage in Waterloo im Juni 1815.

→ *Der Hessische Landbote* von Georg Büchner (1834, Flugschrift): Büchner versucht anhand dieser Flugschrift die Bauern und Handwerker im Großherzogtum Hessen für einen Umsturz zu gewinnen: „Friede den Hütten, Krieg den Palästen."

→ *Woyzeck* von Georg Büchner (1836 begonnen, Dramenfragment): Das Stück handelt von dem Soldaten Franz Woyzeck, der zum Mörder wird, nachdem seine Vorgesetzten ihn ausnutzen und seine Freundin ihn betrügt.

→ *Unpolitische Lieder* von August Heinrich Hoffmann von Fallersleben (1840/41, Lyrik).

---

29 Mit Angabe der Erstveröffentlichung.

- → *Gedichte eines Lebendigen* von Georg Herwegh (1841, Lyrik).
- → *Deutschland. Ein Wintermärchen* von Heinrich Heine (1844, Versepos).
- → *Ça ira* von Ferdinand Freiligrath (1846, Lyrik).

Den Publikationen gemeinsam ist die Ablehnung der herrschenden politischen und sozialen Verhältnisse.

2.3 Angaben und Erläuterungen zu wesentlichen Werken

ZUSAMMEN-FASSUNG

Heinrich Heines literarisches Schaffen kann in die Phasen Frühwerk, Exil und Spätwerk geordnet werden. Nachfolgend ein Überblick seiner wichtigsten Werke:

→ **Frühwerk:**
Die Romantik (1820)
Reisebilder (1826–1831)
Buch der Lieder (1827)

→ **Exil:**
Die romantische Schule (1833/1836)
Ludwig Börne. Eine Denkschrift (1840)
Atta Troll. Ein Sommernachtstraum (1843/1846)
Neue Gedichte (1844)
Deutschland. Ein Wintermärchen (1844)

→ **Spätwerk:**
Romanzero (1851)
Geständnisse (1854)

Die Romantik: Kulturkritik

Heinrich Heine betrat die große literarische Bühne mit dem Aufsatz ***Die Romantik* (1820)**, mit dem er sich der literarischen Welt als kritischer Geist empfahl. In diesem Essay zeichnete er subjektiv die Entstehungsgeschichte der Romantik nach.

Reisebilder (1826–1831): Stilbildend für das Feuilleton

1826 bis 1831 folgten die ***Reisebilder***. 1826 wurde der erste Teil der *Reisebilder* mit *Die Heimkehr*, *Die Harzreise* und *Die Nordsee. Erste Abteilung* veröffentlicht, wovon *Die Harzreise* der bekannteste Text sein dürfte. 1827 erschien mit *Die Nordsee. Zweite Abteilung*, *Die Nordsee. Dritte Abteilung* und *Ideen. Das Buch Le Grand* und

Briefe aus Berlin der zweite Teil der *Reisebilder*.[30] Zwei Jahre später, 1829, wurde der dritte Teil der *Reisebilder* publiziert mit *Reise von München nach Genua* und *Die Bäder von Lucca*. 1831 erschien der vierte Teil der *Reisebilder*, darin enthalten sind u. a. *Die Stadt Lucca* und *Englische Fragmente*.

Heine als politischer Dichter

Ist *Die Harzreise* noch eine Mischung aus Reisebericht und politischer Reflexion, tritt in den Folgetexten die **politische Reflexion** in den Vordergrund, so zeigen die Texte über die Nordsee antikapitalistische Tendenzen. In *Ideen. Das Buch Le Grand* setzt sich Heine mit dem Napoleon-Mythos auseinander, den er fasziniert-kritisch rezipierte.

„Platen-Affäre"

In den Texten *Reise von München nach Genua* und *Die Bäder von Lucca* kritisiert Heine die in Italien beobachteten reaktionär-religiösen Tendenzen. In *Die Bäder von Lucca* focht Heine zudem einen persönlichen Strauß mit dem Schriftsteller August Graf von Platen aus. Dieser hatte Heine in seiner Komödie *Der romantische Ödipus* von 1827 in antisemitischer Manier angegriffen. Heine machte daraufhin in den ***Bädern von Lucca*** von Platens Homosexualität öffentlich, was zu jener Zeit den gesellschaftlichen Tod bedeutete („Platen-Affäre"). Tatsächlich kehrte von Platen, der sich zu jener Zeit in Italien aufhielt, nicht nach Deutschland zurück. Und Heine musste zur Kenntnis nehmen, dass sich die öffentliche Meinung gegen ihn richtete. In den *Englischen Fragmenten* schließlich setzte sich Heine mit den Folgen der Industrialisierung für die Menschen auseinander. Zusammengefasst enthalten die *Reisebilder* subjektive Impression, Naturdarstellung und politische Reflexion. Damit wurden sie stilbildend für das moderne Feuilleton.[31]

---

30 Außerdem sind in ihm enthalten die *Xenien* von Karl Leberecht Immermann.

31 Kultureller Teil einer Zeitung.

Das Buch der Lieder (1827): Lied von der Loreley

1827 erschien mit dem *Buch der Lieder* die **erste Gedichtsammlung Heines**. Die Gedichte wurden mehrfach vertont, so von Robert Schumann, Düsseldorfer Generalmusikdirektor von 1850 bis 1854. Er vertonte u. a. den Zyklus *Dichterliebe*, der zum Inbegriff des romantischen Liedes wurde. Am bekanntesten jedoch ist das ***Lied von der Loreley***,[32] das in der Vertonung von Friedrich Silcher Kulturgeschichte geschrieben hat:

„Ich weiss nicht was soll es bedeuten,
Daß ich so traurig bin;
Ein Märchen aus alten Zeiten,
Das kommt mir nicht aus dem Sinn."[33]

Emigration nach Paris: 1831

1831 emigrierte Heine nach Paris. Sein Schreiben war nun ausgerichtet auf eine publizistische Vermittlung zwischen Deutschland und Frankreich.

In seinem Essay ***Die Romantische Schule*** (1833 in Paris erschienen, 1836 in Deutschland) setzt er sich auf simplifizierende Weise mit der deutschen Romantik auseinander. Er identifiziert Romantik mit Christentum, Christentum mit Katholizismus und Katholizismus mit Reaktion. Von einzelnen Romantikern zeigt er sich fasziniert, während ihm die Gebrüder Schlegel und ihr Kreis suspekt sind. Tatsächlich strampelt er sich mit seinem Essay an einer Romantik ab, die so nie existiert hat.

Denkschrift Ludwig Börne (1840): politische Positionierung

Auch ***Ludwig Börne. Eine Denkschrift*** ist von kritischer Natur. Grundlage des Textes ist der Vorwurf des 1837 verstorbenen Börne, der Ikone des „Jungen Deutschland", dass Heine sein politisches

---

32 Selbst die Nationalsozialisten kamen nicht daran vorbei. Sie nahmen es in ihre Liederbücher auf mit dem Vermerk „Verfasser unbekannt".

33 http://gutenberg.spiegel.de/buch/heinrich-heine-gedichte-389/438.

Engagement durch einen literarischen Ästhetizismus verwässern würde. In seinem Essay wirft Heine dem toten Börne u. a. „politischen Dogmatismus vor, der die sinnlichen Bedürfnisse der Menschen vernachlässige".[34] Außerdem vertrat Heine im Gegensatz zu Börne die Position, dass der Friede in Europa nur auf der Grundlage der kulturellen Aussöhnung der Nationen möglich ist. Damit setzte er Weltbürgertum gegen Ideologie. Diese Positionierung hatte den „Börne-Skandal" zur Folge, denn Heines Position wurde als Beleidigung Börnes aufgefasst. Für Heine führte der Börne-Skandal zu einem Duell, bei dem er verletzt wurde.

Atta Troll. Abrechnung mit „Tendenzpoeten"

Das Versepos *Atta Troll. Ein Sommernachtstraum*, zuerst 1843 in der *Zeitschrift für die elegante Welt* veröffentlicht und dann 1846 als Buchausgabe, ist ebenfalls eine **Auseinandersetzung mit dem „Jungen Deutschland"**. Erzählt wird die Geschichte des entlaufenen Tanzbären Atta Troll, der revolutionäre Reden hält und schließlich als Bettvorleger endet. Auf Metaebene ist dieses Versepos zu lesen als eine Abrechnung mit den patriotischen Idealen der von Heine sogenannten „Tendenzpoeten".

Neue Gedichte (1844): ironisierte Romantik

1844 erschien mit *Neue Gedichte* eine Anthologie mit Gedichten im Ton der Spätromantik, mitunter mit ironischen Brechungen (*Das Fräulein stand am Meere*) und Kritik an den politischen Verhältnissen (*Zeitgedichte*).

Ebenfalls 1844 erschien das Versepos ***Deutschland. Ein Wintermärchen***, das in Form der Satire die politischen Verhältnisse in Deutschland thematisiert.

Krankheit und Resignation

Die Lyrikanthologie *Romanzero* wurde 1851 veröffentlicht. Heine war inzwischen schwer erkrankt und so ist der Ton der Gedichte geprägt von **Resignation und Lebensmüdigkeit**. 1854 erschien die autobiografische Schrift *Geständnisse*.

---

34 Brenner, Peter J.: *Neue deutsche Literaturgeschichte*, S. 147.

1820

Frühe Werke

1820: *Die Romantik* (Kulturkritik)

1826–1834: *Reisebilder* (subjektive Impression, Naturdarstellung und politische Reflexion)

1827: *Das Buch der Lieder* (Dichtung im Volksliedton)

1830

1831: Heine siedelt nach Paris/Frankreich über

Exil

1833/1836: *Die Romantische Schule* (Kulturkritik)

1840: *Ludwig Börne. Eine Denkschrift* (Absage an einen politischen Dogmatismus)

1843/1846: *Atta Troll. Ein Sommernachtstraum* (Kritik an tendenziöser Lyrik)

1840

1844: *Neue Gedichte* (Ironisierung der Romantik, politische Dichtung)

1844: ***Deutschland. Ein Wintermärchen*** (politische Dichtung)

ab 1848: Heine ist gesundheitlich angeschlagen

1850

Spätwerk

1851: *Romanzero* (resignativ)

1854: *Geständnisse* (autobiografisch)

17.02.1856: Heine stirbt †

1860

3. TEXTANALYSE UND -INTERPRETATION

3.1 Entstehung und Quellen

ZUSAMMENFASSUNG

Zu *Deutschland. Ein Wintermärchen* inspiriert wurde Heine durch eine Reise von Paris nach Hamburg im Winter 1843. Heine lebte seit 1831 im französischen Exil, weil er sich im Deutschland der Restauration nicht mehr sicher fühlte. Im Januar 1844 kehrte Heine wieder von Deutschland nach Paris zurück und begann mit der Arbeit an dem Versepos, das er im Mai 1844 abschloss. Ebenfalls im Mai 1844 sendete Heine das Manuskript dann an seinen Hamburger Verleger Julius Campe. Ende September 1844 wird das *Wintermärchen* in den *Neuen Gedichten* im Verlag Hoffmann und Campe, Hamburg, publiziert. Im Oktober und November 1844 erfolgt die Veröffentlichung in der Pariser Zeitschrift *Vorwärts!* von Karl Marx. Ebenfalls im Oktober 1844 folgt eine Einzelausgabe des *Wintermärchens* im Hamburger Verlag Hoffmann und Campe, erstmals mit Heines Vorwort.

Schreibt man über die Entstehungsgeschichte des *Wintermärchens*, schreibt man immer auch über seine Publikationsgeschichte.

1943: Reise zur Mutter nach Hamburg

Diese Geschichte begann Ende Oktober 1843, als Heine aus seinem französischen Exil Paris über Lille und Brüssel zu seiner Mutter nach Hamburg reiste. Im Dezember 1843 kehrte er über Hannover, Bückeburg, Minden, Paderborn, Unna, Hagen, Mülheim, Köln und Aachen[35] nach Paris zurück. Kurze Zeit nach seiner Ankunft dort be-

35 Als Stationen erscheinen im Versepos nacheinander Aachen, Köln, Mühlheim, Hagen, der Teutoburger Wald, Paderborn, Minden, Bückeburg, Hannover und schließlich Hamburg: in umgekehrter Reihenfolge die Stationen seiner Rückreise.

3.1 Entstehung und Quellen

DER DEUTSCHE BUND 1815–1866

FL = Fürstentum Lichtenberg (1834 preussisch)
FW = Fürstentum Waldeck und Pyrmont (Landesteil Pyrmont)
HH = Hansestadt Hamburg
HL = Hansestadt Lübeck
HLB = Herzogtum Lauenburg 1865 preussisch)
KH = Kurfürstentum Hessen
LD = Fürstentum Lippe
LH = Landgrafschaft Hessen-Homburg
MS = Großherzogtum Mecklenburg-Strelitz
OL = Großherzogtum Oldenburg
RÄL = Fürstentum Reuß ältere Linie
RJL = Fürstentum Reuß jüngere Linie
SA = Herzogtum Sachsen-Altenburg
SCG = Herzogtum Sachsen-Coburg und Gotha
SL = Fürstentum Schaumburg-Lippe
SM = Herzogtum Sachsen-Meiningen
SR = Fürstentum Schwarzburg-Rudolstadt
SWE = Großherzogtum Sachsen-Weimar-Eisenach

Anhalt ist nach Aussterben der Linien Anhalt-Köthen und Anhalt-Bernburg dargestellt, die thüringischen Staaten nach der 1826 erfolgten Neuordnung der ernestinischen Herzogtümer.

Heinrich Heines Reiseroute[36]

1 Hamburg
2 Hannover
3 Bückeburg
4 Minden
5 Paderborn
6 Unna
7 Hagen
8 Mülheim
9 Köln
10 Aachen

gann er mit der Niederschrift von *Deutschland. Ein Wintermärchen*, wie aus folgendem Zitat hervorgeht:

> „Das nachstehende Gedicht schrieb ich im diesjährigen Monat Januar zu Paris, und die freie Luft des Ortes wehete in manche Strophe weit schärfer hinein, als mir eigentlich lieb war.“ (Vorwort, S. 3, Z. 1 ff.)

36 Grafik © Bange Verlag, Grundlage Karte: wikipedia/ziegelbrenner – own drawing/Source of Information: Putzger – Historischer Weltatlas, 89. Auflage, 1965.

Abschluss des Manuskripts im Mai 1844

Im Februar 1844 kündigte Heine seinem in Hamburg ansässigen **Verleger Julius Campe** das Manuskript an und im Mai 1844 schloss Heine die Arbeit an seinem Versepos ab. Heine sah keine Möglichkeit, das Werk in Deutschland durch die Zensur zu bringen, wie er Campe mitteilte, der es dem Zensor Karl Sieveking vorlegen wollte:

> „Von Censur ist keine Möglichkeit. Das Gedicht muss als 21 Bogen ohne Censur gedruckt werden, oder ich muss, wenn Ihnen dies nicht möglich ist, das Gedicht hier oder in der Schweitz herausgeben. Anders sehe ich hier keinen Ausweg."[37]

Nach einer zum Teil kontroversen Korrespondenz mit Campe überarbeitete Heine das Manuskript des *Wintermärchens* und sendete es am 5. Juni 1844 erneut an Campe.

Im Juli 1844 suchte Heine zusammen mit seiner Frau Campe in Hamburg auf, um den Druck des Buches zu prüfen, wobei er noch einige **Änderungen im Manuskript** vornahm, ehe er es zum endgültigen Druck freigab. Im Vorwort zum *Wintermärchen* heißt es dazu wie folgt:

> „Ich musste mich dem fatalen Geschäft des Umarbeitens nochmals unterziehen, und da mag es wohl geschehen sein, dass die ernsten Töne mehr als nötig abgedämpft oder von den Schellen des Humors gar zu heiter überklingelt wurden." (Vorwort, S. 3, Zeile 8 ff.)

Publikation in den *Neuen Gedichten*

Zunächst erfolgte kein Separatdruck des *Wintermärchens*, vielmehr beschlossen Autor und Verleger, das **Gedicht in den Band *Neue Gedichte* zu integrieren**. Wie kam es zu dieser Entscheidung? Der auf

---

37 Zitiert nach http://theater.wolfsburg.de/fileadmin/user_upload/pdf_Junges_Theater/Materialmappe_Deutschland_Ein_Wintermaerchen.pdf

dem Karlsbader Kongress getroffene Zensurbeschluss vom 20. September 1819 sah vor, Druckschriften über 20 Bogen vor dem Druck nicht zu zensieren.

Im entsprechenden Gesetzestext „Provisorische Bestimmungen hinsichtlich der Freiheit der Presse" heißt es unter § 1. wie folgt:

> „Solange als der gegenwärtige Beschluß in Kraft bleiben wird, dürfen Schriften, die in der Form täglicher Blätter oder heftweise erscheinen, deßgleichen solche, die nicht über 20 Bogen im Druck stark sind, in keinem deutschen Bundesstaate ohne Vorwissen und vorgängige Genehmhaltung der Landesbehörden zum Druck befördert werden."[38]

Deutschland. Ein Wintermärchen mit seinem Umfang wäre unter die Grenze von 20 Bogen gefallen, es wäre also zensiert worden (vgl. S. 35), und so entschieden sich Autor und Verleger, das Versepos in die *Neuen Gedichte* aufzunehmen, um so der Zensur zu entgehen.

Okt./Nov. 1844: Publikation im Pariser *Vorwärts!*

Vor Auslieferung des fertigen Buchs schickte Heine die Druckbögen an den in Paris lebenden **Karl Marx**, der das Versepos in seiner **Zeitschrift *Vorwärts! Pariser Deutsche Zeitschrift*** vom 19. Oktober bis 20. November 1844 publizierte.[39] Ende September 1844 dann wurden die *Neuen Gedichte* inklusive dem *Wintermärchen* bei Hoffmann und Campe in einer Auflage von 3.000 Exemplaren veröffentlicht.

Verbot der *Neuen Gedichte* in Preußen

Am 4. Oktober 1844 wurden die *Neuen Gedichte* in Preußen verboten, da sie von den Zensurbehörden ganz richtig als **Subversion** verstanden wurden. Bald darauf erging eine Aufforderung Preußens an die übrigen Länder des deutschen Bundes, das Werk ebenfalls

---

38 Zitiert nach http://theater.wolfsburg.de/fileadmin/user_upload/pdf_Junges_Theater/Materialmappe_Deutschland_Ein_Wintermaerchen.pdf.

39 http://www.susannealbers.de/03philosophie-heine-winter.html

zu verbieten. Trotzdem publizierte Campe im November 1844 die zweite Auflage der *Neuen Gedichte* mit 4.000 Exemplaren. Verleger und preußische **Zensurbehörde lieferten sich quasi ein Wettrennen**, denn in der Folgezeit wurde das Werk wiederholt verboten.

Separatdruck mit Vorwort

In anderen deutschen Bundesstaaten war es in Form eines im Oktober 1844 erschienenen Separatdrucks erhältlich. Für diese Einzelausgabe änderte Heine das Manuskript und verfasste auch ein **Vorwort, in dem er die Zensur offen anspricht**:

> „Um den Einzeldruck veranstalten zu können, musste mein Verleger das Gedicht den überwachenden Behörden zu besonderer Sorgfalt überliefern, und neue Varianten und Ausmerzungen sind das Ergebnis dieser höheren Kritik."
> (Vorwort, S. 5, Zeile 105–108)

3.2 Inhaltsangabe

ZUSAMMEN-FASSUNG

1843 reist ein in Deutschland geborenes Ich aus Paris kommend nach 13 Jahren wieder nach Deutschland ein: Ziel der Reise ist die Stadt Hamburg. Die Reise führt durch das aus zahlreichen souveränen Einzelstaaten bestehende Deutschland, so durch das Königreich Preußen mit den Städten Aachen und Köln, dem Fürstentum Lippe mit dem Teutoburger Wald sowie dem Königreich Hannover. Das Ich kritisiert das Preußentum schon bei seiner Einreise und besonders in Städten wie Aachen, wo die Bürger als pedantisch und dünkelhaft mit einer lächerlichen Schwäche für das Mittelalter beschrieben werden. In Köln lässt sich der Reisende über den mittelalterlichen katholischen Klerus mit seiner Inquisition aus und spottet über den halbfertigen Dom. Er macht sich über die in seinem Chor beigesetzten Heiligen Drei Könige lustig und in der Phantasie zerschlägt sein *Alter Ego* deren Skelette. Nach einem Zwiegespräch mit dem Rhein über Frankreich setzt das Ich seine Reise über Mülheim nach Hagen fort, wo es sich der deftigen westfälischen Küche erfreut. In Unna erinnert es sich an seine schöne Studentenzeit und wünscht den Westfalen Frieden und Wohlstand. Der reisende Dichter malt sich aus, was geschehen wäre, hätten die Römer die Varusschlacht im Teutoburger Wald gewonnen und nicht Hermann der Cherusker. In Paderborn überkommt den Reisenden angesichts des gekreuzigten Jesu am Straßenrand Mitleid: Hätte der Gekreuzigte geschrieben und nicht gepredigt, hätte ein Zensor ihn vor dem Tod bewahren können. Das Ich setzt die Reise Richtung Minden fort, wobei es an seine aus dem Münsterland stammende Amme und deren Geschichten denken muss: Dabei auch an die Sage von Kaiser Friedrich Barbarossa, der mit seinem Heer im Kyffhäuser lagert, um zurückzukehren und Deutschland zu erneuern. Das Ich versinkt in einem Traum, in dem es sich bei Barbarossa im Kyffhäuser wähnt. Barbarossa entpuppt sich als ein Relikt einer vergangenen Zeit, das es mit der Rettung Deutschlands nicht eilig hat. Der reisende Dichter kommt zu dem Schluss, dass man in Deutschland kein monarchistisches Prinzip braucht, um die Verhältnisse zu ändern. Schließlich erreicht der Dichter Minden, wo er sich wie Prometheus vorkommt: Ein preußischer Adler frisst seine Leber. So schnell wie möglich setzt er seine Reise fort und erreicht über Bückeburg schließlich Hannover, dessen König Ernst August Ziel seiner Spottlust ist. Über Harburg gelangt das Ich dann nach Hamburg. Von seiner glücklichen Mutter verköstigt schaut es sich die Stadt an, die nach einem verheerenden Brand nicht mehr dieselbe ist. Nach einem abendlichen Essen mit dem Verleger Campe trifft das Ich auf Hammonia, die Schutzgöttin Hamburgs. Diese versucht ihn zum Bleiben zu überreden und lässt den Dichter die Zukunft Deutschlands in einem Nachtstuhl sehen: Das Ich wird ohnmächtig. Wieder bei Bewusstsein und dem Werben der Göttin ausgesetzt, beschwört das Ich eine neue deutsche Generation, die Kraft der neuen Dichter und formuliert eine Warnung an den preußischen König Friedrich Wilhelm IV.

Vorwort

Beklagt Zensur in Deutschland

Im Prosa-Vorwort[40] erzählt Heinrich Heine von der Entstehungsgeschichte seines „Gedichtes" (vgl. S. 3, Z. 1) *Deutschland. Ein Wintermärchen*. Er beklagt die Zensur in Deutschland, deretwegen er auf Bitten seines Verlegers Campe das Gedicht umarbeiten musste.

Heine bekräftigt seine Liebe zum deutschen Vaterland, bekennt sich aber auch als Anhänger der französischen Ideale. Er nennt Deutschland und Frankreich die „auserwählten Völker der Humanität" (S. 4, Z. 50 f.) und kritisiert die Printmedien in Deutschland, in denen persönliche Verunglimpfung als Patriotismus getarnt wird. Abschließend weist er beinahe entschuldigend nochmals auf die zensurbedingten Änderungen und Kürzungen hin.

Caput I[41]

Deutschland ein neues Lied dichten

Das lyrische Ich[42] reist im Monat November nach Deutschland. An der **preußischen Grenze** angekommen und die deutsche Sprache hörend, ist es emotional bewegt. Es imaginiert einen Engel („Harfenmädchen"), der auf einer Harfe ein Lied von Liebe, Aufopferung und einem besseren Leben im Jenseits singt. Das Ich macht sich darüber lustig und kündigt an, ein besseres Lied zu verfassen, in dem es ein gutes irdisches Leben für jedermann fordert und dem Schmarotzertum von Adel und Kirche eine Absage erteilt. Es imaginiert die Vereinigung der Europa mit dem Genius der Freiheit und fühlt sich inspiriert.

---

40 Das Vorwort schrieb Heine am 17.9.1844 und stellte es erstmals dem Einzeldruck (Okt. 1844) voran.

41 Caput: Kapitel eines Buches.

42 Es gibt Hinweise, die einen autobiografischen Bezug zu Heinrich Heine erlauben, z. B. die in Caput XXIV erwähnte Familiengeschichte oder die Erwähnung der *Reisebilder* in Caput XXI, sowie die Erwähnung des Verlegers Campe; vgl. Kapitel 3.4. Wir werden das Ich in dieser Interpretation mit „lyrischem Ich", „Reisenden", „Dichter" oder einfach „Ich" betiteln.

Caput II

Das Gepäck wird durchsucht

Grenzbeamte durchsuchen den Koffer. Das Ich amüsiert sich darüber, da es die verdächtigen Bücher als Konzept in seinem Kopf trägt. Ein Mitreisender macht ihn auf den Preußischen Zollverein aufmerksam, der Deutschland eine Einheit nach außen gibt. Die Zensur vermittelt angeblich eine „innere Einheit" (V. 119), sagt der Mitreisende und wünscht ein einiges Deutschland sowohl innen- als auch wirtschaftspolitisch.

Caput III

Aachen: steife Bürger und Pickelhaube

Der Reisende gelangt nach **Aachen**. Er vergegenwärtigt sich, dass im dortigen Dom Carolus Magnus[43] beigesetzt und dass dieser nicht mit Karl Mayer[44] aus Schwaben zu verwechseln ist. Er schlendert eine Stunde durch die Stadt, die er als abstoßend langweilig empfindet. Er trifft auf preußisches Militär, das wie zur Zeit der Franzosenkriege graue Mäntel mit rotem Kragen trägt, und Aachener Bürger, über deren Pedanterie und Dünkel (V. 144) er sich amüsiert. Mit ihrer Steifheit wirken sie auf ihn wie mit einem Stock geschlagene Menschen, die sich dieser Behandlung nicht bewusst sind. Zwar sagen sie inzwischen „Du", in ihren Köpfen tragen sie immer noch das „Er".

Der preußische „Vogel" → vgl. auch S. 81

Besonders lustig macht sich das lyrische Ich über die Uniform der Reiter, vor allem über die Pickelhaube. Es empfindet sie als ein Relikt der Romantik und assoziiert die romantischen Dichter, den Freiherrn Friedrich de la Motte Fouqué, Ludwig Uhland und Friedrich Tieck und das Mittelalter und seine Werte und Gebräuche, über die es ebenfalls spottet. Seine Gedanken kehren zur Pickel-

---

43 Karl der Große (747 oder 748–814), deutscher Kaiser, Vater des Heiligen Römischen Reichs Deutscher Nation, das gut 1.000 Jahre Bestand hatte.

44 Schwäbischer Dichter, 1786–1870. Heine schrieb gegen ihn an, vgl. http://www.heinrich-heine-denkmal.de/heine-texte/schwaben.shtml.

haube zurück, in deren Spitze nach seiner Auffassung wunderbar der Blitz einschlagen kann. Auf dem Schild des Posthauses erblickt der Reisende den preußischen Adler (vgl. „Vogel“, u. a. V. 185), den er gerne rupfen und auf den er gerne schießen lassen würde.

Caput IV

Köln: gnadenloser Katholizismus, unfertiger Dom

Das Ich trifft in **Köln am Rhein** ein. Nach einer Mahlzeit und dem Genuss von Rheinwein besucht es die Altstadt. Es vergegenwärtigt sich das von Ulrich von Hutten[45] beschriebene Vorgehen des katholischen Klerus im Mittelalter und rekapituliert die Denunziationen des Inquisitors Hochstraaten[46]: die Verbrennung von Büchern und Menschen, die von Glockengeläut und Kirchenmusik begleitet waren.

Schließlich erreicht der Reisende den unfertigen Kölner Dom und memoriert dessen Baugeschichte. Der Dom sollte ein Zeugnis des katholischen Glaubens werden und nun stagniert seit dem Aufkommen des lutherischen Protestantismus der Weiterbau. Der unfertige Dom ist in den Augen des Betrachters nicht das Symbol des Katholizismus, sondern das des Protestantismus. Er belustigt sich über die Bestrebungen des Domvereins, Geld für den Weiterbau zu sammeln: Franz Liszt[47] gibt ein Konzert, dessen Einnahmen dem Domverein zukommen sollen, und König Friedrich Wilhelm IV. von Preußen setzt sich für den Weiterbau ein.

Das lyrische Ich behauptet, dass der Dom nicht vollendet werden, sondern als Pferdestall benutzt werden wird. Die Gebeine der im Dom aufgebahrten Heiligen Drei Königen sollen an den Turm der

---

45 Humanist und Anhänger Martin Luthers.
46 Jakob van Hoogstraten, Inquisitor und Feind Martin Luthers.
47 Berühmter Pianist und Komponist, gab 1842 ein Konzert zugunsten der Fertigstellung des Doms.

St. Lamberti-Kirche in Münster[48] gehängt werden. Balthasar soll im rechten Korb hängen, Melchior im linken, in der Mitte Gaspar (Kasper) mit der Begründung, dass die Heiligen vermutlich kein heiliges Leben geführt und Verrat begangen haben. Sollte einer der Könige fehlen, könne er durch einen abendländischen König ersetzt werden.

Caput V

Zwiegespräch mit dem Rhein über Frankreich

Der Reisende gelangt an das Rheinufer. Angesichts des Stromes realisiert er seine Sehnsucht nach ihm und es entwickelt sich ein imaginärer Dialog zwischen ihm und dem Fluss. Der Strom heißt den Besucher willkommen und beklagt sich über den Lyriker Niklas Becker, der ein Gedicht über ihn verfasst hat und von dem er sich politisch kompromittiert sieht: Das Gedicht richtet sich gegen Frankreich, der Rhein hegt jedoch Sympathien für die Franzosen.[49] Außerdem fürchtet er sich vor Alfred de Musset, der als Antwort auf Becker ein Spottgedicht geschrieben hat.[50]

Das lyrische Ich beruhigt den Fluss, indem es sagt, dass die Franzosen sich geändert hätten: Sie lesen nun Kant, Fichte und Hegel, kegeln und trinken Bier. Den Spott eines de Musset könne er schlagen mit Indiskretionen bezüglich seines Liebeslebens. Der Rhein soll nicht an schlechte Lieder denken, sondern sein besseres Lied erwarten.

---

48 Heine spielt auf die Hinrichtung des sogenannten Wiedertäufers Jan van Leiden und zwei seiner Anhänger 1532 in Münster an, deren Leichen in metallenen Käfigen am Turm der St. Lambertikirche hingen.

49 Es handelt sich um das Gedicht *Der deutsche Rhein* von Nikolaus Becker (1840), mit dem Becker die Verteidigung des Rheins gegen die Feinde beschwört. Siehe dazu http://www.jhelbach.de/dichtung/rheinli.htm#Rhein.

50 Gemeint ist das Gedicht *Der deutsche Rhein* (1841), in dem der Dichter de Musset auf die Eroberungen Napoleons anspielt. Siehe dazu http://www.jhelbach.de/dichtung/rheinli.htm#Rhein.

Caput VI

Das lyrische Ich und sein *Alter Ego*

Beim Schlendern durch die Stadt denkt das lyrische Ich an seinen *spiritus familiaris*, sein *Alter Ego*: Wenn er am Schreibtisch saß, erschien die Gestalt und hielt stets ein Beil unter ihrem Mantel verborgen. Auch von anderen wie Paganini[51], Sokrates und Napoleon sei dieses Phänomen bekannt. Dann bemerkt der Dichter, dass ihm sein *Alter Ego* beim Gang durch die Straßen Kölns folgt. Von diesem Verhalten irritiert, spricht das lyrische Ich seinen Begleiter an und fragt ihn, warum er immer dann auftaucht, wenn er sich inspiriert fühlt. Der Verfolger gibt sich als „Prinzip der Tat" zu erkennen, das dem „Prinzip des Denkens" folgt und seine Urteile vollstreckt. Wie in Rom einst der Liktor mit dem Beil den Amtsträger begleitete (vgl. Kapitel 3.5), so begleite das *Alter Ego* den Reisenden: „ich bin / Die Tat von deinem Gedanken" (V. 469 f.).

Caput VII

Deutsche Träume

Das lyrische Ich geht zu Bett und genießt den Komfort einer bequemen Matratze. Es sinniert, dass kein Bett bequemer ist als das deutsche und dass die Deutschen in ihnen hochfliegende Pläne entwerfen. Frankreich und Russland sind territoriale Mächte, den Briten gehört die See und Deutschland gehört nach Ansicht des Dichters das „Luftreich des Traums" (V. 494). Schließlich schläft er ein und träumt, dass er wieder durch die Straßen Kölns schlendert, gefolgt von seinem ein Beil tragenden Begleiter. Er träumt, dass sein Herz eine offene, blutende Wunde ist und dass er mit dem Blut im Vorübergehen Türen von Häusern markiert, in denen dann Menschen sterben.

Schließlich gelangen der Reisende und sein Begleiter zum Dom. Sie betreten die Kathedrale und gehen zum Chor, wo sich der Drei-

---

51 Niccolò Paganini, Geigenvirtuose.

Alter Ego zerschlägt die Heiligen Drei Könige im Kölner Dom

königsschrein mit den Gebeinen der Heiligen Drei Könige befindet. Deren Skelette sitzen wie weltliche Herrscher gekleidet auf dem Schrein und zappeln wie Marionetten. Eines der Skelette hält eine Rede, in der es Respekt vom Reisenden fordert mit der Begründung, dass es tot, ein König und heilig sei. Der Reisende amüsiert sich darüber, erklärt die Skelette als Symbole einer vergangenen Zeit, die in ihre Gräber fahren sollen, und droht ihnen mit Gewalt, sollten sie nicht freiwillig weichen. Er gibt seinem Begleiter ein Zeichen und dieser zerschlägt die Skelette, ehe das lyrische Ich plötzlich erwacht.

Caput VIII

Enttäuschte Hoffnungen

Das nächste Reiseziel ist die **Stadt Hagen**. Der Weg dorthin führt durch **Mülheim**, wobei der Reisende an seinen letzten Aufenthalt dort im Mai 1831 denkt. Er erinnert sich an die damals herrschende Aufbruchsstimmung und die Hoffnung, die Fürsten abzusetzen, und daran, dass sich die politischen Verhältnisse leider nicht geändert haben. Er denkt an die Beisetzung Napoleons I., deren Zeuge er gewesen war, und daran, wie erschüttert die Menschen waren. Auch er selbst hatte geweint.

Beerdigung Napoleons

Caput IX

Lob der westfälischen Küche

Sie erreichen gegen drei Uhr **Hagen**, wo der Dichter das Mittagessen einnimmt. Er erfreut sich der deftigen westfälischen Küche. Unter anderem wird ihm ein Schweinekopf serviert, dem man Lorbeerblätter[52] in den Rüssel gesteckt hat. Der Reisende zieht eine Analogie zu den herrschenden politischen Verhältnissen.

52 Der Lorbeerkranz oder -zweig ist ein Ehrenzeichen bzw. das Sinnbild des Ruhms.

Caput X

Lob der Westfalen: „sentimentale Eichen"

Der Dichter setzt seine Fahrt fort. In **Unna** sucht er ein Wirtshaus auf, erfreut sich an der hübschen Kellnerin und erinnert sich Punsch trinkend an seine Zeit in Göttingen mit seinen Kommilitonen von der Studentenverbindung,[53] mit denen er gezecht und gefochten hatte. Ihn überkommt seine Zuneigung zu den Westfalen, deren Treue er schätzt und die er als sentimental bezeichnet. Er wünscht ihnen, dass sie nie in kriegerische Auseinandersetzungen geraten, und speziell den Männern ein gutes Examen und den Frauen gute Gatten.

Caput XI

Die Schlacht im Teutoburger Wald und fiktive Folgen

Der Dichter fährt durch den **Teutoburger Wald** und malt sich aus, was geschehen wäre, hätte dort Hermann der Cherusker nicht den römischen Feldherrn Varus besiegt.[54] Das römische Geistesleben würde aus Ernst Wilhelm Hengstenberg[55] Haruspex[56] machen, Neander[57] wäre ein Augur[58]. Charlotte Birch-Pfeiffer[59] würde wie eine reiche Römerin Terpentin trinken, Raumer[60] wäre ein Lumpacius, Ferdinand Freiligrath würde wie Horaz dichten. Politische Auseinandersetzungen würden in der Arena ausgetragen werden und nicht in der Zeitung. Anstelle von drei Dutzend Landesvätern gäbe es einen absoluten Herrscher wie Nero: Die Antwort darauf wäre ein Massensuizid. Schelling[61] würde wie Seneca[62] agieren und sterben,

---

53 Heine war in der Studentenverbindung Westphalia.
54 Gemeint ist die Varusschlacht im Jahre 9 nach Christus.
55 Protestantischer Theologe, Gegner Heines.
56 Antiker Wahrsager.
57 Pfarrer und Komponist von Kirchenliedern.
58 Römischer Beamter, vgl. 3.5.
59 Schauspielerin und Schriftstellerin.
60 Friedrich von Raumer, Mitglied der preußischen Zensurbehörde.
61 Friedrich Wilhelm Joseph Schelling, Philosoph des deutschen Idealismus.
62 Berater Neros. Dieser befahl ihm den Selbstmord, den Seneca dann vollzog.

der Maler Peter Cornelius[63] würde belehrt werden, dass „gekackt nicht gemalt ist" (vgl. V. 775). Schließlich äußert sich das lyrische Ich erleichtert darüber, dass die römischen Legionen geschlagen wurden und weiter Deutsch statt Latein gesprochen wird. Aus Achtung vor Hermann hat es sich an der Finanzierung seines Denkmals beteiligt.

Caput XII

Unter Wölfen

Auf dem **Weg nach Paderborn** bricht ein Rad. Der Kutscher macht sich auf ins nächste Dorf, der Dichter bleibt allein im nächtlichen Wald zurück. Plötzlich ertönt Wolfsgeheul und nach einiger Zeit geht dem Reisenden auf, dass es ihm gilt und eine Art Ehrbezeugung ist. Er richtet das Wort an die Wölfe, bedankt sich für ihr warmes Willkommen und versichert ihnen, dass er ein Wolf bleiben und weder zu den Schafen noch zu den Hunden überlaufen werde – selbst wenn es den Anschein hätte. Dann fordert er sie auf, auf ihn zu zählen und sich selbst zu helfen. Abschließend folgt der Hinweis, dass diese Rede in der „Allgemeinen Zeitung" [64] veröffentlicht wurde.

Caput XIII

Jesus und der Zensor

Kurz vor Paderborn sinniert der Reisende über die Sonne, die den Planeten nie vollständig beleuchten kann, was ihrem Wandern um die Erde herum etwas Sinnloses gibt. Am Straßenrand erblickt er ein Kruzifix. Dieser Anblick stimmt ihn traurig. Er nennt Jesus seinen Vetter, rekapituliert, was dieser getan hat, was ihm daraufhin widerfahren ist, und malt sich aus, dass Jesus nicht umgebracht

---

63 Peter Cornelius, Begründer der Düsseldorfer Malerschule. Bei seinem älteren Bruder Lambert Cornelius erhielt Heine Zeichenunterricht.

64 Gemeint ist die *„Augsburger Allgemeine Zeitung"*: Herausgeber Kolb war mit Heine befreundet.

worden wäre, hätte er ein Buch geschrieben: Sein Zensor wäre dann eingeschritten, hätte die gefährlichen Zeilen getilgt und ihm so das Leben gerettet.

Caput XIV

„Mädchenmörderballade"

Der Dichter denkt an seine Amme aus dem Münsterland, die ihn in Kinderzeiten mit Grusel- und Gespenstergeschichten aller Art unterhalten hatte. Er erinnert sich an eine Geschichte, in der eine Frau mit Namen Ottilie getötet wurde, deren letzte Worte „Sonne, du klagende Flamme!" (S. 33, V. 914) waren. Ihr Mörder wurde schließlich an einer Weide, an deren Stamm das Todesurteil genagelt war, aufgeknüpft.

Die Sage von Friedrich Barbarossa

Die Amme hatte ihm auch das Märchen *Die Gänsemagd*[65] erzählt, in dem eine Magd der Königstochter einen Rollentausch aufzwingt, der einem Pferd mit Namen Falada (vgl. V. 936) den Kopf kostet. Ebenfalls hat er von ihr die Sage von Kaiser Friedrich Barbarossa[66] (Kaiser Rotbart) gehört, der mit seinem Heer im **Kyffhäuser** lebt und entgegen der Meinung der Historiker nicht tot ist, sondern zurückkehren und wieder Kaiser werden wird. Der Dichter imaginiert eine Szenerie im Berg, in der alles wie eingefroren wirkt: Tausende Pferde sind gesattelt und gezäumt, sie stehen jedoch vollkommen still, wie für ein Denkmal gegossen. In einem weiteren Saal liegen die Soldaten Barbarossas. Alle sehen sie kriegerisch aus, alle sind sie bewaffnet, und alle schlafen sie. Ein dritter Saal ist eine Art Zeughaus voller Waffen und es gibt eine Fahne in den deutschen Farben.

Barbarossa soll Deutschland einen

Im vierten und letzten Saal steht ein Stuhl aus Stein. Auf diesem sitzt Barbarossa, ausgestattet mit einem imposanten roten Bart und

65 http://gutenberg.spiegel.de/buch/-6248/57
66 Friedrich I. (Barbarossa/Rotbart), Kaiser des römisch-deutschen Reiches von 1155 bis 1190.

vollkommen regungslos, nur manchmal zwinkert er mit den Augen oder zieht die Brauen zusammen. Sieht er seine Zeit gekommen, wird er zur Fahne greifen, seine Truppen um sich sammeln und den Kyffhäuser verlassen, so die Sage. Der Reisende stellt sich vor, dass Barbarossa den Verrat an Deutschland, der „Jungfrau Germania" (S. 36, V. 1005), rächen und selbstzufriedene Fürsten an den Galgen bringen wird. Er erfreut sich an dieser Vorstellung.

Caput XV

Der Reisende im Gespräch mit Friedrich Barbarossa

Der Postillion intoniert mit seinem Horn die Melodie des Volksliedes *Drei Reiter am Tor*. Der Reisende schläft ein und träumt, bei Barbarossa im **Kyffhäuser** zu sein. Dieser zeigt sich sehr zugänglich. Er führt den Dichter durch sein unterirdisches Reich, zeigt ihm Uniformen, die er entstauben muss, und Waffen, die er teilweise von Rost befreit. Auch die Fahne entstaubt er und zeigt sich stolz, dass sie vollkommen intakt ist. Sie betreten leise den mit Soldaten belegten Saal. Barbarossa steckt den Soldaten jeweils ein Geldstück zu mit der Bemerkung, dass alle 100 Jahre der Sold ausgezahlt wird und dass er jetzt wieder fällig sei.

Barbarossa hat noch zu wenige Pferde

Schließlich gehen die beiden zu den Pferden. Der Kaiser zählt sie und erklärt, dass es noch zu wenige sind und er auf weitere Pferde wartet. Wenn er genügend Tiere habe, würde er zurückkehren und Deutschland befreien. Der Reisende fordert Barbarossa auf, keine Zeit mehr zu verlieren und gegebenenfalls Esel einzusetzen. Barbarossa besteht auf Zeit und zitiert ein römisches Sprichwort, das besagt, „dass der langsam Gehende sicher geht" (V. 1094).

Caput XVI

Der Reisende erwacht kurz, schläft erneut ein und spinnt seinen Traum fort: Er wird von Barbarossa gebeten, von der Welt seit 1190 zu erzählen. Explizit fragt er nach Moses Mendelssohn[67], nach Anna Louisa Karsch[68] und der Gräfin Dubarry[69]. Sowohl Moses Mendelsohn und seine Frau Rebekka als auch deren Sohn Abraham Mendelsohn sind verstorben, der Sohn Abrahams und Leas mit Namen Felix[70] ist Kapellmeister, klärt der Reisende ihn auf. Anna Louisa Karsch ist ebenfalls tot, sagt der Dichter, ebenso ihre Tochter. Von ihrer Enkelin nimmt er an, dass sie noch lebt. Der Reisende berichtet dem Kaiser von den Todesumständen der Gräfin Dubarry und von der Guillotinierung Ludwig des XVI. und seiner Frau Marie Antoinette. Barbarossa möchte wissen, was Guillotinieren bedeutet. Der Reisende erklärt dem Kaiser die Funktion der Maschine und sagt, dass mit ihr die Köpfe von Leuten „jeglichen Stands" (S. 40, V. 1143) vom Rumpf getrennt werden können.

Barbarossa, ein Relikt

Barbarossa ist empört und verbittet sich eine solche Behandlung von Monarchen. Den Reisenden beschuldigt er schließlich der Respektlosigkeit und des Hochverrats. Dieser nennt den Kaiser seinerseits ein „Fabelwesen" (S. 41, V. 1178) und fordert ihn auf, sich wieder schlafen zu legen. In den Augen der Republikaner sei er eine Witzfigur, außerdem habe die Fahne an Bedeutung verloren. Letztendlich brauche das Land keinen Kaiser.

Caput XVII

Zwitterwesen

Der Reisende beklagt, dass die Deutschen sich nur im Traum den Fürsten widersetzen. Er fährt durch einen Wald mit Eichen und Birken, die Zeichen der Missbilligung auszusenden scheinen: Der

---

67 Philosoph der Aufklärung.

68 Schriftstellerin und Mutter der Dichterin Caroline Louise von Klencke und Großmutter der Journalistin Helmina von Chézy.

69 Marie-Jeanne Gräfin du Barry, durch eine Heirat zu Adel gekommen und Geliebte König Ludwig XV., wurde von den Pariser Revolutionären zum Tode verurteilt und hingerichtet.

70 Felix Mendelsohn-Bartholdy, bedeutender Komponist der Romantik, 1841 von König Friedrich Wilhelm IV. als Kapellmeister nach Berlin berufen.

Reisende bittet Barbarossa im Stillen um Verzeihung, nennt ihn weise, bezichtigt sich der Ungeduld und bittet ihn um Rückkehr. Des Kompromisses wegen besteht er nicht auf dem Guillotinieren und schlägt die bisher praktizierten Hinrichtungsmethoden vor, bei denen den Adligen via Schwert der Kopf abgeschlagen wurde und Bürgerliche sowie Bauern aufgehängt wurden und nur selten die Ausnahme von der Regel gemacht werden soll.

Lieber wieder das rückständige Mittelalter als das Preußentum

Ein Gerichtsverfahren nach Karl V.[71] soll wieder eingeführt werden, ebenso die Gesellschaftsordnung mit Ständen, Gilden und Zünften. Das Heilige Römische Reich soll eingeführt werden mit all seinen Anachronismen; auch das genuine Mittelalter will er ertragen, wenn dadurch das preußische System, das er als „Kamaschenrittertum" (S. 42, V. 1234) bezeichnet, verschwindet und mit ihm auch die Theater mit seinen schlechten, dem Zeitgeist verpflichteten Schauspielern.

Caput XVIII

Albtraum: der Reisende als Odysseus und Prometheus

Abends erreicht der Reisende die **Festungsstadt Minden**. Als die Kutsche über die Zugbrücke in die Stadt einfährt, bekommt er Beklemmungen und fühlt sich wie der von dem Riesen Polyphem in einer Höhle festgesetzte Odysseus.

Im Wirtshaus geht es ihm nicht besser, das Essen schmeckt ihm nicht und er geht früh zu Bett. Das Bett ist breit mit Gardinen von rotem Damast mit einem schmutzigen Quast. Das lyrische Ich versinkt in einen Albtraum, in dem er den Quast als das Schwert des Damokles über seinen Kopf hängend imaginiert. Dann träumt er, es mit einer Schlange zu tun zu haben, die ihm zuzischt, dass er in Minden festgesetzt wird. Er wünscht sich, bei seiner Frau in Paris zu sein. Ihm träumt, dass sein Zensor ihm über den Kopf streicht,

---

71 Römisch-deutscher Kaiser von 1519–1556.

dass er von Gespenstern fortgeschleppt und an eine Felswand gefesselt wird. Aus dem Quast wird ein preußischer Adler, der ihm wie der Adler dem Prometheus die Leber aus dem Körper frisst. Am nächsten Morgen verlässt der Reisende Minden sehr früh und fühlt sich erst wieder wohl, als er Bückeburg erreicht.

Caput XIX

Ein gelangweilter König

Der Dichter trifft im **Fürstentum Bückeburg** ein. Die Reise dorthin führte über schlecht angelegte Wege, deren Lehm an den Stiefeln des Reisenden haften blieb, was ihn zu der Formulierung veranlasst, dass entgegen der Äußerung Dantons[72] das Vaterland sehr wohl mitgeführt werden kann. In Bückeburg eingetroffen besucht er zuerst das Geburtshaus seines Großvaters und reist weiter nach Hannover.

Hannover: Spott über Ernst August

Dort lässt er sich die Stiefel putzen und schaut sich die Stadt an. Sie ist sauber und von eindrucksvoller Architektur. Der Reisende gelangt zum Palast des Königs Ernst August, der nur deshalb König sei, weil die Hannoveraner zu feige seien, ihn zu stürzen. Ernst August, Herzog von Cumberland und Vorsitzender der Konservativen im englischen Oberhaus, fühle sich in Hannover beengt und fürchte, sich deshalb zu erhängen (vgl. V. 1355). Der Fremdenführer fand ihn am Morgen in depressiver Stimmung vor, eine Medizin für seine ebenfalls unpässlichen Hunde kochend.

Caput XX

Hamburg: Wiedersehen mit der Mutter

Das lyrische Ich fährt **über Harburg nach Hamburg**, das es am späten Abend erreicht. Der Reisende sucht seine Mutter auf, die er 13 Jahre nicht gesehen hat und die sich sehr über seinen Besuch

---

72 Georges Jacques Danton hatte eine Flucht vor Robespierre abgelehnt und gesagt, dass man sein Vaterland nicht an den Schuhsohlen mitnehmen könne. Vgl. auch Georg Büchner *Dantons Tod*.

freut. Sie bietet ihm Fisch, Gans und Apfelsinen an, denen er mit großem Appetit zuspricht. Seine Mutter befragt ihn während der Mahlzeit über seine Lebensumstände. So will sie wissen, ob sich seine Frau gut um ihn kümmert. Anstelle einer klaren Antwort lobt der Reisende den Fisch und sagt, dass er in Ruhe essen müsse, da sonst eine Gräte in seinem Hals steckenbleiben würde.

Als die Gans aufgetragen wird, möchte die Mutter wissen, in welchem der Länder Frankreich und Deutschland man besser leben könne und welchem Land er den Vorzug geben würde. Der Sohn antwortet, dass er der französischen Küche den Vorzug gibt, da in diesem Land die Gänse besser gestopft und schmackhaftere Soßen gekocht werden. Bei den Apfelsinen angelangt fragt die Mutter nach seinem politischen Engagement und der Zugehörigkeit zu einer Partei. Der Sohn lobt die süßen Apfelsinen, deren Saft er trinkt und deren Schalen er liegen lässt.

Caput XXI

Hamburg nach dem großen Brand

Der Reisende besucht die Stadt, in der ein verheerender Brand gewütet hat,[73] dessen Spuren noch sichtbar sind, und die nun wieder aufgebaut wird. Er vergleicht Hamburg mit einem unvollständig geschorenen Pudel und vermisst Gassen und Straßen wie den Dreckwall und Häuser, Orte seiner persönlichen Geschichte: So ist jenes Haus verschwunden, in dem er seine erste Liebe geküsst hatte (V. 1424 f.), und auch die Druckerei, in der die *Reisebilder* gedruckt worden waren. Der „Austerkeller“, in dem er seine ersten Austern genossen hatte, ist ebenfalls verbrannt und das Rathaus ist zerstört.

Hamburger Bürger berichten ihm von dem Brand, dem auch die alte Börse zum Opfer gefallen sei, die Bank jedoch verschont habe. Sie berichten ihm, dass in anderen Ländern für die Stadt und

---

73 Hamburg brannte vom 5. bis zum 8. Mai 1842.

ihre Bürger gesammelt worden war und dass eine Summe von acht Millionen zusammengekommen sei. Außerdem hätten sie Kleidung und Betten bekommen und „Brot und Fleisch und Suppen" (S. 49, V. 1463). Der König von Preußen wollte sogar Truppen schicken. Den materiellen Verlust kann man ersetzen, sagen die Hanseaten, doch niemals den Schreck.

Warnung vor den Preußen

Der Dichter reagiert darauf mit dem Vergleich, dass Troja eine bessere Stadt gewesen war und trotzdem verbrennen musste, und dass sie Hamburg nun rundum erneuern und sich auch bessere Löschmittel anschaffen können. Er rät ihnen, die Schildkrötensuppe vorsichtig zu würzen und die Karpfen weniger fett zu kochen. Truthähne würden ihnen nicht schaden; vor dem preußischen Adler, der in der Perücke des Bürgermeisters nistet, sollen sie sich hüten.

Caput XXII

Die Menschen in Hamburg haben sich verändert

Nicht nur die Stadt Hamburg, auch ihre Menschen haben sich verändert, wie der Dichter konstatiert. Sie erscheinen ihm gebrochen, die Mageren haben noch mehr an Gewicht verloren, während die Dicken noch dicker geworden sind. Kinder erscheinen alt, alte Menschen wirken senil. Menschen, die er im jungen Alter gekannt hat, sind jetzt abstoßend erwachsen. Frauen sind herausgeputzt, auch eine stadtbekannte Prostituierte namens „Gudel". Gut gehalten hat sich der Papierhändler, der aussieht wie eine Figur aus der Bibel, Johannes der Täufer. Der Reisende trifft auf einen Verwandten,[74] der den Verstand verloren hat, und auf seinen Zensor, der ergriffen ist ob des Wiedersehens. Einige Bekannten sind inzwischen verstorben, wie „Gumpelino"[75] (S. 51, V. 1525) und ein

74 Es handelt sich um Adolf Halle, den Schwiegersohn Salomon Heines, der an einer Geistesstörung litt.

75 Der Bankier Lazarus Gumpel.

Hausierer. Auch der Hund des Verlegers Campe, der Pudel Sarras, ist tot, was Campe sehr betrauert.

Das lyrische Ich lässt sich über die Stadtbevölkerung aus, die sich aus Juden und Christen zusammensetzt. Die Christen lieben gutes Essen und sind in finanziellen Dingen zuverlässig. Die Juden haben sich aufgespalten in zwei Fraktionen, von denen die eine konservativ ist und die Synagoge besucht. Die Angehörigen der anderen Fraktion sind reformatorisch und essen selbst Schweinefleisch. Er drückt beiden Gruppen seine Sympathie aus und lobt die geräucherten Sprotten.

Caput XXIII

Loblied auf Verleger Campe

Der Dichter lobt die Austern, die man im Restaurant Lorenz essen kann. Zusammen mit Campe sucht er das Lokal auf, um auf Campes Kosten dort zu tafeln. Er trifft auf Bekannte, so auf den Arzt Hermann de Chaufepié (V. 1570), den Schriftsteller und Journalisten François Wille (V. 1572), dessen Gesicht von Mensurnarben[76] gezeichnet ist, und den Studienrat Friedrich August Fucks (V. 1576). Das lyrische Ich spricht dem Essen zu und nimmt sich vor, nie den Verleger zu wechseln. Er formuliert ein ironisches Dankgebet, in das außer Campe der Rheinwein, die Austern und die Zitronen aufgenommen sind, und bittet um gute Verdauung.

Der Reisende trifft auf Hammonia

In sentimentaler Stimmung geht der Dichter durch die Stadt auf der Suche nach einer Frau. Im Rotlichtviertel kommt ihm eine Frau entgegen, in eine Tunika gekleidet und mit einer Mütze, deren Falten an Kronen, kleine Türme und Zinnen erinnern. Sie heißt ihn willkommen und predigt ihm von der Vergänglichkeit der Schönheit. Der Dichter fragt nach ihrem Namen und bittet sie, sie

76 Mensur: Studentischer Zweikampf in schlagenden Verbindungen, bei dem damals wie heute Narben im Gesicht zurückbleiben können.

Diese Skulptur von Hamburgs Schutzgöttin Hammonia steht an der Brooksbrücke in der Speicherstadt. © ullstein bild – imageBROKER / Jacek Kaminski

begleiten zu dürfen. Sie klärt ihn auf, dass sie keine Prostituierte ist, sondern Hammonia, die Schutzgöttin Hamburgs. Beide machen sich gemeinsam auf den Weg.

Caput XXIV

Der Dichter bei Hammonia, Schutzgöttin Hamburgs

Der Dichter steigt mit Hammonia die Treppe hinauf, von der er im Nachhinein nicht weiß, wie er sie hinaufgekommen ist. In ihrem Zimmer führen sie eine angeregte Unterhaltung, in deren Verlauf die Göttin dem Reisenden ihre Sympathie bekundet. Zuvor hatte sie eine Schwäche für Klopstock[77], dessen Büste auf ihrer Kommode steht und die jetzt als Ablage für ihre Haube dient. Nun ist der Reisende ihr Favorit und sein Bild hängt an der Wand über dem Kopfende ihres Bettes. Sie tadelt ihn wegen seiner Kritik an den Hamburgern, die sie verletzt habe. Sie bittet ihn, das zukünftig zu unterlassen, und drückt ihre Hoffnung aus, dass die Zeit ihn toleranter gemacht hat.

Der Dichter gesteht sein Heimweh nach Deutschland

Dann will Hammonia den Grund seiner Reise nach Hamburg erfahren. Der Dichter bekennt Sehnsucht nach seiner alten Mutter, seiner Schwester Lotte, dem Onkel im Besonderen und Heimweh nach Deutschland im Allgemeinen. Er sehnt sich nach den Orten seiner Jugend und gesteht der Göttin, dass er ungern darüber spricht, und formuliert seine Ablehnung gegen die Menschen, die mit ihrem Patriotismus hausieren gehen wie Menzel[78] und bestimmte schwäbische Dichter. Weiter gesteht er der Göttin, dass sie ihn in einer weichen und kränklichen Stimmung vorgefunden hat, appelliert an ihre Zuwendung und bittet um eine Tasse Tee mit Rum.

---

77 Friedrich Gottlieb Klopstock (1724–1803), Schöpfer des Versepos *Der Messias*. Er lebte von 1770 bis 1803 in Hamburg.

78 Wolfgang Menzel (1798–1873), Schriftsteller und Literaturkritiker. Er initiierte eine Kampagne gegen Karl Gutzkow, die zum Verbot des „Jungen Deutschland“ führte.

Caput XXV

Hammonia bereitet Tee mit Rum, sie selbst trinkt den Rum pur. Sie lehnt sich an ihn, wobei sie ihre Mütze zerknautscht, und gesteht dem Reisenden, dass sie sich wegen seines Lebenswandels Sorgen macht: Die Franzosen seien frivol, er habe keinen fürsorglichen deutschen Verleger, die verführerischen Frauen raubten ihm seinen inneren Frieden. Sie versucht ihn zum Bleiben in Deutschland zu überreden, wo es anständig sei und wo es Vergnügungen ruhiger Art gebe. Das Land sei fortschrittlicher als angenommen, sagt sie, außerdem wäre die Zensur jetzt milder, da auch der Zensor Hoffmann inzwischen weniger rigide sei. Auch der Dichter selbst sei jetzt milder und sein Blick auf die Vergangenheit weniger kritisch.

Hammonia redet die Zensur schön

Sie führt aus, dass die Verhältnisse in Deutschland nicht so schlimm gewesen seien – man hätte sich ihnen wie in Rom durch Selbstmord auch entziehen können. Die Gedanken seien frei gewesen, die Zensur hätte sich nur auf Bücher beschränkt. Willkür hat nach der Lesart der Göttin nie geherrscht, alle Urteile gegen Demagogen seien auf gesetzlicher Grundlage gefällt worden, in den Gefängnissen würde auch niemand verhungern. Im Gegensatz zu vergangenen Zeiten, die durch Glaube und Gemütlichkeit geprägt waren, würde nun ein allgemeiner Nihilismus um sich greifen, auch in der Dichtung. Dann bietet Hammonia an, ihm das zukünftige Deutschland zu zeigen unter der Bedingung, dass er über das Gesehene schweigen wird. Der Dichter verspricht es und muss einen biblischen Schwur leisten und ihr dabei die Hand auf ihre Hüften legen.

Caput XXVI

Blick auf Deutschland

Hammonia, die inzwischen rote Wangen bekommen hat, erzählt mit Wehmut ihre Familiengeschichte. Geboren wurde sie am Tag der Gründung Hamburgs[79] als Tochter einer Schellfischkönigin und Karls des Großen, den sie für mächtiger und klüger hält als Friedrich den Großen. Der Kaiser hat seiner Frau seinen Nachtstuhl hinterlassen und diese hat ihn an ihre Tochter Hammonia vererbt. Der Nachttopf ist in den alten Sessel eingearbeitet und Hammonia fordert den Dichter auf hineinzusehen, wenn er die Zukunft Deutschlands erblicken möchte. Der Dichter blickt hinein und verschweigt das Gesehene aufgrund seines geleisteten Schwurs. Einzig über den ersten wahrgenommenen Geruch lässt er sich aus, einer Mischung aus Kohl und Leder, der ihn mit Widerwillen erfüllt. Alles Folgende mutet ihn an wie Gestank aus rund drei Dutzend Latrinen. Ein Ausspruch von Louis Antoine Saint-Just[80] kommt ihm in den Sinn, der die zahlreichen Todesurteile in der Hochphase der Französischen Revolution damit rechtfertigte, dass „die große Krankheit nicht / mit Rosenöl und Moschus“ (S. 62, V. 1925 f.) geheilt werden kann.

Hammonia: Der Dichter soll in Deutschland bleiben

Der ihm entgegenschlagende Gestank lässt den Dichter schließlich das Bewusstsein verlieren. Als er wieder bei Sinnen ist, liegt er an der Brust der Göttin, die ihn umschlingt. In einer ekstatischen Wallung macht sie ihm eine Liebeserklärung und bittet ihn, bei ihr in Hamburg zu bleiben. In der Gegenwart will sie mit ihm leben und sich nicht um Zukünftiges scheren. In einem Rauschzustand imaginiert sie Hochzeitslieder singende Nachtwächter. Diener tanzen einen Hochzeitstanz, die Senatsangehörigen inklusive Bürgermeister kommen, Diplomaten benachbarter Staaten erscheinen und gratulieren vorsichtig, die christliche und jüdische Geistlichkeit erscheint und der Zensor Hoffmann, der den Dichter entmannt: „... Es rückt

79 Die Gründung Hamburgs geht vermutlich auf Karl den Großen zurück, der 810 als Schutz gegen nicht christliche Eroberer eine Burg anlegen ließ.

80 Vertrauter Maximilian Robespierres und Verfechter der Republik. Er ließ seine Gegner gnadenlos hinrichten.

der wilde Geselle / Dir auf den Leib – er schneidet ins Fleisch – / Es war die beste Stelle.“ (V. 1972 ff.)

Caput XXVII

Hoffnung auf eine neue Generation

Über den weiteren Verlauf der Nacht schweigt sich der Dichter aus. Er prophezeit das Verschwinden der Heuchelei und ferner die Existenz von im Denken und Leben freier Menschen, denen er das Geschehene dann erzählen wird. Einige dieser Menschen existierten bereits und sie begriffen die Intention des Dichters und wüssten sie zu schätzen.

Das Ich und Aristophanes

Der Dichter umreißt sein dichterisches Selbstverständnis, das von Liebe und Leidenschaft geprägt ist, und beruft sich auf den griechischen Dichter Aristophanes[81], den er seinen „Vater“ (V. 1997) nennt. Auf ihn sich beziehend habe er das vorherige Kapitel (vgl. Caput XXVI) seiner Dichtung als Nachahmung des Schlusses von *Die Vögel*[82] gestaltet, die er für die beste Komödie Aristophanes’ hält. Auch die Komödie *Die Frösche*[83] lobt er, welche in Berlin gegeben und von Friedrich Wilhelm IV. sehr geschätzt wird. Aristophanes würde diese Wertschätzung allerdings nichts nützen, vermutet das lyrische Ich, denn er würde in Preußen verhaftet werden. Es rät dem König, die toten Dichter zu ehren und die lebenden zu schonen, die sich sonst wehren würden mit der Macht des Wortes, die verheerender sei als der Blitz des Gottes Jupiter. Die Götter soll der

---

81 Aristophanes (ca. 445–385 v. Chr.): bedeutender Vertreter der griechischen Komödie und Kritiker des Perikles. Dieser hatte das antike Athen in eine Vormachtstellung gebracht und regierte nahezu absolut.

82 Inhalt: Die Athener Euelpides und Pistethairos wollen der Gerichtswut ihrer Stadt entkommen. Sie suchen das Reich der Vögel auf und Pistethairos überredet den Vogelkönig Tereus, ein Vogelimperium unter seiner Herrschaft zu errichten mit Namen „Wolkenkuckucksheim“. Die Komödie endet mit der triumphalen Hochzeit des neuen Herrschers Pistethairos mit der Himmelskönigin Basileia.

83 Inhalt: Der griechische Gott Dionysos macht sich mit seinem Diener Xanthias in die Unterwelt auf, um den verstorbenen Dramatiker Euripides zurückzuholen. Dort angekommen wird er Zeuge eines Wettkampfes zwischen Euripides und Aischylos um die Ehre des Meisters der Tragödie. Nach dessen Ende ändert Dionysos seine Meinung bringt Aischylos zur Erde zurück.

König beleidigen, obwohl er dann mit dem Höllenfeuer als Strafe gerechnet muss, aus dem man sich allerdings loskaufen könne. Selbst wenn Jesus Gericht halten würde, könnten doch manche der Strafe entgehen.

Warnung an König Wilhelm IV. von Preußen

Das lyrische Ich warnt den König, dass es eine Hölle gibt ohne Aussicht auf Erbarmen. Es ist die Hölle des Dante, der die Qualen der Menschen beschreibt ohne Aussicht auf Entkommen.[84] Der König möge aufpassen, dass er von den Dichtern nicht in eine solche Hölle geschickt wird.

---

84 Gemeint ist die *Göttliche Komödie* des Dante Alighieri (1265–1321), bestehend aus den drei Teilen „Inferno", „Purgatorio" und „Paradiso".

3.3 Aufbau

ZUSAMMENFASSUNG

Heines Versepos *Deutschland. Ein Wintermärchen* umfasst zwei gestaltende Konzepte:

- → Textoberfläche/Metrik (Jamben, Kreuzreim, Volksliedstrophe)
- → Poetologisches Konzept:

Caput I–XIV: Beschreibung Deutschlands im Vormärz
Caput XV–XVI: Dekonstruktion
Caput XVII–XXVII: Persönliches und Ausblick

Hinsichtlich des Aufbaus gilt es zwischen **Textoberfläche/Metrik** und **poetologischem**[85] **Konzept** zu unterscheiden.

Metrikanalyse

Volksliedstrophe

Auf der Textoberfläche besteht das Gedicht, das den Versepen zugerechnet wird, aus einem Vorwort und 27 Capita (Caput I bis XXVII). Diese sind in Strophenform gestaltet. Die Strophen umfassen je vier Verse mit einfachem Reimschema a-b-c-b: Vers 2 und 4 jeder Strophe sind durch einen Kreuzreim verbunden, Vers 1 und 3 sind reimlos. Das Metrum wird überwiegend von Jamben (– x) bestimmt. Der erste und dritte Vers jeder Strophe weist vier Hebungen auf, der zweite und vierte je drei. Die Zahl der unbetonten Senkungen variiert, was typisch ist für die Volksliedstrophe. Dem Reimschema entsprechend verteilen sich auch die Kadenzen[86]: Der erste und der

85 Poetik: Lehre von der Dichtkunst.
86 Betonung innerhalb einer Verszeile.

dritte Vers jeder Strophe klingen immer männlich (betont) aus, der zweite und der vierte Vers immer weiblich (unbetont).

Poetologisches Konzept und Struktur

Vorwort

Dem Versepos vorangestellt ist ein **Vorwort**. Darin hat Heine sowohl sein poetologisches Selbstverständnis formuliert als auch seine politische Positionierung.[87]

Heines poetologisches Konzept und damit die Struktur von *Deutschland. Ein Wintermärchen* ist einfach und erlaubt die Fraktionierung der 27 Kapitel in Caput I bis XIV, Caput XV bis XVI und Caput XVII bis XXVII.

Deutschland im Vormärz

Die **Capita I bis XIV** enthalten Beschreibungen der politischen Zustände Deutschlands im Vormärz und die Reaktion des Ichs darauf. Aus der Lektüre erschließt sich der Wunsch des Ichs nach Veränderung der Verhältnisse, wobei Caput I das politische Programm des Ichs enthält.

Analepsen

In Caput VIII finden sich zwei Analepsen[88]: In Mülheim denkt das Ich an seinen Besuch dort im Mai 1831. Es erinnert sich an die in jener Zeit herrschende Aufbruchsstimmung verbunden mit der Hoffnung, dass die Fürsten bald verschwinden werden (S. 24, V. 605–620). Die Erinnerung des Ichs an die Beisetzung Napoleons in Paris ist ebenfalls eine Analepse (S. 25, V. 637–656).

Dekonstruktion

Capita XV–XVI: Die Kombination aus Unzufriedenheit und Änderungswunsch strebt nach Auflösung. Poetologisch realisiert wird dies in den Capita XV und XVI (vom Ich imaginierte Begegnung zwischen ihm und Barbarossa). Caput XVI ist dabei das Schlüsselkapitel des Textes, denn darin erfolgt mit der Darstellung Barba-

---

87 Dazu siehe auch Kapitel 6 Prüfungsaufgaben, Aufgabe 4.

88 Rückschau.

Deutschland. Ein Wintermärchen

Vorwort (ab Einzeldruck)

27 Capita

Volksliedstrophen mit Jamben/Kreuzreim

Caput I–XIV	Caput XV–XVI	Caput XVII–XXVII
Deutschland im Vormärz (Reisestationen: Aachen, Köln, Mülheim, Hagen, Unna, Paderborn)	Dekonstruktion des Mythos Barbarossa (Traum: Kyffhäuser)	Persönliches, Ausblick (Reisestationen: Minden, Bückeburg, Hannover, Hamburg)

rossas als „Trottel“ die Absage an einen deutschen Mythos und ein Bekenntnis zur Republik.

Ausblick

Die **Capita XVII bis XXVII** sind im Vergleich zu den vorangegangenen Kapiteln in einem zurückgenommenen, melancholischen Ton gehalten. Auch der Schwerpunkt ist ein anderer, denn nun stehen **persönliche Begegnungen** im Vordergrund, weniger das politische Deutschland. Diese Thematik erscheint erst wieder in Caput XXVII, in dem das Ich einen Blick auf das zukünftige Deutschland wirft und dem preußischen König eine **Warnung** zukommen lässt. Mit diesem abermaligen Ausdruck der Opposition gegen Preußen schließt sich der kompositorische Kreis.

3.4 Personenkonstellation und Charakteristiken

ZUSAMMENFASSUNG

In Heines Versepos kommt eine Vielzahl an Figuren vor, einige nur namentlich, andere auch als Figuren, mit denen das Ich real zusammentrifft. Die realen Personen lassen sich unterteilen in:

→ **Repräsentanten der politischen Verhältnisse**
→ **reale Personen mit persönlich-biografischem Bezug (Mutter, Verleger Campe etc.).**

Daneben agiert das Ich mit

→ **imaginierten Figuren** (Vater Rhein, *Alter Ego* des Ichs, die Heiligen Drei Könige, Friedrich Barbarossa, Schutzgöttin Hammonia).

In Heines *Deutschland. Ein Wintermärchen* erzählt die Hauptfigur von ihrer Reise quer durch Deutschland nach Hamburg. Das Versepos setzt mit dem Grenzübertritt in der Nähe von Aachen nach Deutschland ein: „Und als ich an die Grenze kam" (V. 6).

Das Ich

Hauptfigur: der 1843 durch Deutschland reisende Exil-Dichter

Aufgrund einer Vielzahl biografischer Parallelitäten wird das Ich häufig mit der realen Person Heinrich Heines gleichgesetzt. Durch das erstmals in der Einzelausgabe eingesetzte Vorwort ist dies auch durchaus vertretbar und verstärkt den politischen Ton des Epos. **Biografische Parallelitäten sind:**

→ Das Ich stammt aus Deutschland und lebt seit 13 Jahren im französischen Exil, worauf es im Text immer wieder hinweist. Die Reise lässt sich auf das Jahr 1843 festlegen.

- Das Ich ist ebenfalls ein Dichter: „als kleinster Poet" (V. 130) will es ein neues, besseres Lied dichten (V. 35), hat mit Herrn Campe (reale Figur) einen Verleger (vgl. Caput XXIII) und erzählt von seinem „Spiritus familiaris" (V. 400), „wenn ich am Schreibtisch saß" (V. 407). Seine Werke wurden in Deutschland zensiert (vgl. Treffen mit seinem Zensor V. 1515) und eines seiner Werke heißt „Reisebilder" (Caput XXI und XXV).
- Das lyrische Ich stammt aus der Gegend um Hagen (vgl. Caput IX), die Studienzeit verbrachte das Ich mit Westfalen (vgl. Caput X) und die Mutter lebt inzwischen in Hamburg (vgl. Caput XX). Ferner sah es den Einzug Napoleons im Jahr 1811 in Düsseldorf und wohnte seiner Beisetzung 1840 in Paris bei (Caput VIII).

Reale Personen

Keine klassische Personenkonstellation

Bei den realen Personen, denen das Ich im Versepos begegnet, kann nochmals differenziert werden zwischen

- **Repräsentanten der politischen Verhältnisse** und
- **Personen mit einem persönlich-biografischen Bezug** zum reisenden Ich.

Eine klassische Personenkonfiguration konstituiert sich in Heines Werk nicht. Die **Repräsentanten der politischen Verhältnisse** haben eine rein symbolische Funktion. Die Begegnungen des Ichs mit Personen persönlich-biografischen Bezugs sind bloße Momentaufnahmen. Eine die Handlung bestimmende Interaktion findet nicht statt.

Repräsentanten der politischen Verhältnisse:

- Harfenmädchen singt mit der Stimme der Herrschenden das falsche „Entsagungslied" (Caput I; vgl. auch Kapitel 3.6)
- Zollbeamte bei Aachen: durchsuchen den Koffer (vgl. Caput II)

- → Passagier: weist auf den preußischen Zollverein hin (vgl. Caput II)
- → Korporal in Minden: fragt das Ich bei seiner Ankunft in der Stadt nach seinem Namen (Caput XVIII)
- → Cicerone (Stadtführer): erzählt von König Ernst August von Hannover, der Medizin für seine Hunde kocht (Caput XIX)

Personen mit persönlich-biografischen Bezug

- → Kellnerin in Unna (Caput X; geliebte Westfalen)
- → Mutter des lyrischen Ichs: entwirft eine Frage-und Antwort-Spiel mit dem lyrischen Ich, in dem es sich nicht festlegen lässt (Caput XX)
- → Hamburger: erzählen vom großen Brand (Caput XXI)
- → Gudel: Hamburger Prostituierte (Caput XXII)
- → Papierhändler: Eduard Michaelis (Caput XXII)
- → ***: Adolf Halle, Schwiegersohn von Heinrich Heines Onkels (Caput XXII)
- → Julius Campe: Verleger Heinrich Heines (Caput XXIII)
- → Zensor: Das lyrische Ich trifft in Hamburg auf seinen „alten Zensor“ (Friedrich Ludwig Hoffmann; Caput XXII)
- → Hermann de Chaufepié: Arzt und Freund Heines (Caput XXIII)
- → François Wille: Schriftsteller und Journalist (Caput XXIII)
- → Friedrich August Fucks: Lehrer (Caput XXIII)

Imaginierte Personen

Hl. Drei Könige: Heilige Allianz aus Preußen, Österreich und Russland

Neben den realen Personen erscheinen in *Deutschland. Ein Wintermärchen* auch vom Ich imaginierte Personen, denen es nachts begegnet und die mit dem Dichter sprechen bzw. interagieren. Diese Figuren sind in Verbindung mit der vom Ich ersehnten politischen Veränderungen Deutschlands zu sehen. Diese imaginierten Figuren sind:

- der Vater Rhein (Personifikation; Caput V), des Dichters *Alter Ego* (Caput VI) und die Heiligen Drei Könige (Caput VIII), die das lyrische Ich alle in Köln trifft.
- Kaiser Friedrich Barbarossa im Kyffhäuser (Caput XV/XVI)
- Hammonia: Hamburger Göttin/Schutzheilige (Caput XXIII–XXVI)

Vater Rhein

Im Gespräch mit dem **Vater Rhein**, einem deutschen Symbol, thematisiert das Ich die sogenannte Rheinkrise und zeigt ein neues Bild von seinem Exilland Frankreich: Es hebt die Veränderungen hervor und möchte Frankreich als ein mögliches Vorbild (Revolution) für Deutschland in politischer Hinsicht zeigen.

Alter Ego und die Heiligen Drei Könige

Das ***Alter Ego*** („Spiritus familiaris") des lyrischen Ichs fungiert als eine Art persönlicher Exekutor: Der Dichter denkt, das *Alter Ego* handelt. So auch in dem nächtlichen Traum, als der Begleiter im Kölner Dom (Wahrzeichen des katholischen Glaubens und der Kirche; vgl. Caput IV, S. 14, V. 237 ff.) die Gebeine der Heiligen Drei Könige (Symbol für alle Könige und Herrscher und die Heilige Allianz; vgl. Caput VII, S. 23, V. 580 ff.) zerschlägt.

König Barbarossa

Die Sage vom **König Barbarossa** verspricht eine Hoffnung auf bessere Zeiten: Mit der möglichen Rückkehr Rotbarts aus dem Kyffhäuser ist der Wunsch nach nationaler Einheit verbunden. So ist Barbarossa auch in Heines Dichtung zu sehen: als Projektionsfläche des Wunsches des Ichs nach politischer Veränderung. Allerdings favorisiert das lyrische Ich, nachdem es erkennt, dass es sich bei Barbarossa um einen senilen Trottel handelt, der den Ernst der Lage verkennt und die Bitte des Träumenden nach politischer Interaktion verweigert, keinen neuen Kaiser oder Herrscher: Das lyrische Ich formuliert die Idee der Republik.

Schutzgöttin Hammonia

Auf die **Göttin Hammonia** trifft das Ich nachts in Hamburg. Sie verwickelt ihn in ein Gespräch und versucht, ihn zum Bleiben in Deutschland zu überreden. Aber nicht, weil sich tatsächlich alles

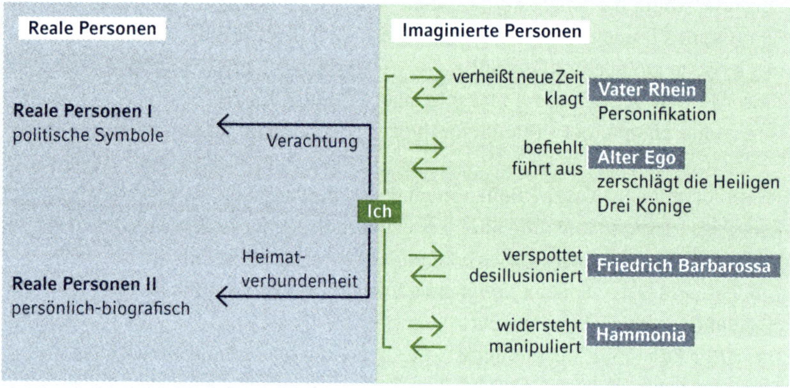

inzwischen zum Besseren entwickelt hat, sondern weil auch der Dichter angeblich ruhig geworden ist:

> „Du selbst bis älter und milder jetzt,
> Wirst dich in manches schicken,
> Und wirst sogar die Vergangenheit
> in besserem Licht erblicken."
> (Caput XXV, S. 59, V. 1802 ff.)

Hammonia steht hier für Stagnation und Angepasstheit. Sie lässt das Ich die Zukunft Deutschlands im Nachttopf erblicken: Den Dreck von 36 Gruben (vgl. V. 1922) müsste man erst ertragen und entsorgen. Hammonia dagegen beschwört nur die alten Strukturen herauf (vgl. V. 1951): den Senat, die Uniformen, die kirchlichen Vertreter und den Zensor Hoffmann, der den Dichter diesmal im Traum nicht nur zensiert, sondern gar entmannt. In diesem Zusammenhang formuliert das Ich die Warnung an Friedrich Wilhelm IV. (Caput XXVII).

3.5 Sachliche und sprachliche Erläuterungen

Vorwort		
S. 3	**Cervantes**	Miguel de Cervantes (1547–1616), span. Dichter und Autor des *Don Quijote*
S. 3	**Molière**	Jean-Baptiste Poquelin (1622–1673), frz. Dichter, Klassiker der Komödie
S. 3	**Pharisäer**	Heuchler
S. 3	**Der große König**	Ludwig XIV. von Frankreich
S. 5	**Schufterle**	Abstoßende Figur aus Schillers Drama *Die Räuber*
Caput I		
S. 7	**Caput**	Kapitel
Caput II		
S. 9, V. 81	**Douanier**	Zollbeamter
S. 9, V. 85	**Bijouterien**	Schmuckwaren
S. 9, V. 89	**Konterbande**	Schmuggelware
Caput III		
S. 11, V. 143	**Körner**	Theodor Körner (1791–1813), Dichter der Freiheitskriege
S. 11, V. 161	**Reuter**	Reiter
S. 11, V. 166	***Johanna von Montfaucon***	Drama von August von Kotzebue (1761–1819). Seine Ermordung galt als zusätzliche Legitimation der Karlsbader Beschlüsse (vgl. Kap. 2.2).
Caput IV		
S. 13, V. 225	**Cancan**	Körperbetonter Tanz, bei dem man den Tänzerinnen unter den Rock schauen kann
S. 13, V. 232	**Kyrie eleison**	Griechisch: Herr, erbarme dich. Bittruf im christlichen Gottesdienst

S. 15, V. 280	**Tabernakel**	Kirchenschrein: Aufbewahrungsort für geweihte Hostien in einer Kirche
S. 15, V. 302	**Gäuche**	Narren
Caput V		
S. 16, V. 330	**Biberich**	Rheinhafen im Stadtteil Bieberich bei Wiesbaden. Kaufleute blockierten den Hafen 1841 mit Steinen.
S. 17, V. 359	**Persiflage**	Verspottung durch Nachahmung
S. 17, V. 364	**Tambour**	Trommelschläger
S. 18, V. 382	**Philister**	Schimpfwort für Kleinbürger
Caput VI		
S. 18, V. 400	**Spiritus familiaris**	Hausgeist
S. 18, V. 402	**Georg Harrys**	(1780–1838), Reisebegleiter Niccolò Paganinis
S. 20, V. 467	**Liktor**	Mit einem Beil ausgestatteter Begleiter hoher römischer Beamter
Caput VIII		
S. 21, V. 496	**Hegemonie**	Vorherrschaft
S. 24, V. 591	**Diligence**	Eilpostwagen
S. 24, V. 592	**Beischaise**	Begleitwagen
S. 24, V. 604	**Atalante**	Figur der griechischen Mythologie (vgl. auch Kapitel 3.6, S. 78)
S. 25, V. 625	**Kanaille**	Schurke
S. 25, V. 614	**Elysäische Felder**	Champs Élysées, Prachtstraße in Paris
Caput IX		
S. 26, V. 675	**Krammetsvögel**	Wacholderdrosseln

Caput X		
S. 27, V. 715	**Mensur**	Fechtkampf in schlagenden Studenten-Verbindungen
S. 27, V. 718	**Quarten und die Terzen**	Fechthiebe
Caput XI		
S. 28, V. 733	**Tacitus**	Cornelius Tacitus (ca. 55–116 n. Chr.), römischer Historiker und Senator
S. 28, V. 746	**Vestalen**	Vestalinnen: Priesterinnen der Göttin Vesta
S. 28, V. 750	**Augur**	Römische Priester, die bei bevorstehenden wichtigen Staatshandlungen den Willen der Götter aus dem Vogelflug, den Eingeweiden der Opfertiere u. Ä. deuteten
S. 29, V. 775	**„Cacatum non est pictum."**	„Gekackt ist nicht gemalt."
S. 30, V. 795	**subskribieret**	in eine Spendenliste eintragen
Caput XIII		
S. 31, V. 834	**Lämmerhürde**	Lammherde
S. 32, V. 862	**Sisyphus**	Figur der griechischen Mythologie: Symbol aussichtslosen Tuns
S. 32, V. 887	**Bergpredigt**	Predigt Jesu, in der der Kern des christlichen Glaubens angelegt ist
Caput XIV		
S. 34, V. 951	**Kyffhäuser**	Gebirge am Südrand des Harzes
Caput XV		
S. 37, V. 1034	**Antiquar**	Händler gebrauchter (wertvoller) Bücher
S. 38, V. 1094	**‚chi va piano va sano'**	Wer langsam geht, geht sicher.

Caput XVI		
S. 39, V. 1107	**Siebenjährigen Krieg**	Militärischer Konflikt zwischen den europäischen Großmächten (1756–1763)
Caput XVII		
S. 42, V. 1222	**Halsgericht**	Gericht, das schwere Verbrechen ahndet
S. 42, V. 1225	**Ständen**	Stand: Gesellschaftsklasse
S. 42, V. 1225	**Gilden**	Gilde: Genossenschaftliche Vereinigung besonders von Kaufleuten und Handwerkern
S. 42, V. 1225	**Zünfte**	Zunft: Zusammenschlüsse von Handwerkern des gleichen Gewerbes
Caput XIX		
S. 43, V. 1261	**„Ich heiße Niemand, bin Augenarzt…“**	Bezieht sich auf die Geschichte von Odysseus und Polyphem (griech. Mythologie; vgl. Kapitel 3.4, S. 78)
S. 45, V. 1340	**Cicerone**	Fremdenführer
S. 46, V. 1358	**Lavement**	Abführmittel
Caput XXI		
S. 49, V. 1460	**Viktualien**	Lebensmittel
S. 49, V. 1472	**Troja**	Antike Stadt in der heutigen Türkei
S. 49, V. 1479	**Mockturtlesuppe**	Unechte Schildkrötensuppe
S. 50, V. 1482	**Kalkuten**	Truthähne
Caput XXII		
S. 50, V. 1511	********	Adolf Halle, Schwiegersohn Salomon Heines
S. 51, V. 1529	**Seraph**	Engelähnliches Wesen
S. 51, V. 1532	**Adonis**	Figur der Schönheit in der griechischen Mythologie
S. 51, V. 1546	**Respittag**	Letzter Tag der Zahlungsfrist

Caput XXIII		
S. 55, V. 1665	**Lorettin**	Loretta; hier: Dirne
Caput XXIV		
S. 56, V. 1698	**Genergelt**	Hier: geärgert
Caput XXV		
S. 58, V. 1787	**Sylphiden**	Luftgeister
Caput XXVI		
S. 62, V. 1906	**Miasmen**	Giftige Dünste
S. 62, V. 1918	**Juchten**	Gegerbtes Leder
Caput XXVII		
S. 65, V. 2034	**Jovis**	Göttervater Jupiter in der römischen Mythologie

3.6 Stil und Sprache

ZUSAMMEN-FASSUNG

Heines Reise-Epos *Deutschland. Ein Wintermärchen* ist eine Verspottung der politischen Verhältnisse und daher der Gattung[89] Satire zuzurechnen. Parodistisch spielt Heine ferner mit der Gattung Pastiche, vor allem in den letzten Kapiteln. Heine benutzt in seinem Werk zahlreiche Mythen verschiedener Kulturkreise und verwendet sich wiederholende Themen und Motive.

Zur Metrik vgl. Kapitel 3.3

Heines Versepos *Deutschland. Ein Wintermärchen* kann auf dem ersten Blick durchaus als Reise-Epos[90] verstanden werden, wobei Heinrich Heine virtuos mit den Gattungen Satire[91] und Pastiche spielt und die politischen Missverhältnisse des sich im Winterschlaf befindlichen Deutschlands teilweise scharf anprangert.

Satire, Parodie/Pastiche

Kritik an den herrschenden Verhältnissen in Deutschland

Die Gattung der Satire ist eine literarische Form der **Kritik und Verspottung** herrschender politischer Verhältnisse mit den Mitteln der Übertreibung, des Spotts und auch einer gewissen Aggressivität. Absicht der Satire ist die Desavouierung der Herrschenden, die der Lächerlichkeit preisgegeben werden. Ein sehr schönes Beispiel sind folgende Strophen, in denen Heine die preußischen Pickelhauben verspottet:

---

89 Werkgruppen, die im Laufe der Literaturgeschichte Traditionen mit jeweils typischen Merkmalen bilden, werden oft als Gattungen bezeichnet.

90 Grundlage ist Heines Reise von Frankreich nach Deutschland im Jahr 1843.

91 Dazu siehe auch Kapitel 5, Materialien, Satire.

„Ja, ja, der Helm gefällt mir, er zeugt
Vom allerhöchsten Witze!
Ein königlicher Einfall war's!
Es fehlt nicht die Pointe, die Spitze!

Nur fürcht ich, wenn ein Gewitter entsteht,
Zieht leicht so eine Spitze
Herab auf euer romantisches Haupt
Des Himmels modernste Blitze! - - "
(Caput III, S. 12, V. 176–184)

Heines satirischer Ton kann allerdings auch mit einer gewissen Schärfe daherkommen, so in jener an die Geistlichkeit gerichteten Strophe:

„Die blassen Kanaillen, die ausgesehn
Wie Liebe, Glauben und Hoffen,
Sie haben seitdem in unserm Wein
Sich rote Nasen gesoffen - - - "
(Caput VIII, S. 25, V. 625–628)

Bleibt er hier allgemein, wird er in Caput XI konkret. Es ist das „Was-wäre-wenn"-Kapitel: Was wäre geschehen, hätte Varus die Schlacht im Teutoburger Wald gewonnen und nicht Hermann der Cherusker? Heine entwirft ein witzig-amüsantes Szenario, bis er im siebten Vers zur Sache kommt:

„Der Raumer[92] wäre kein deutscher Lump,
Er wäre ein röm'scher Lumpacius."
(Caput XI, S. 29, V. 756–757)

---

92 Gemeint ist Friedrich von Raumer, Mitglied der preußischen Zensurbehörde.

Auch die deutsche Presse bekommt ihr Fett weg:

„Die Wahrheitsfreunde würden jetzt
Mit Löwen, Hyänen, Schakalen
Sich raufen in der Arena, anstatt
Mit Hunden in kleinen Journalen."
(Caput XI, S. 29, V. 764–767)

In *Deutschland. Ein Wintermärchen* greift Heine auf ein Drama des Aristophanes zurück, so heißt es:

„Im letzten Kapitel hab ich versucht,
Ein bisschen nachzuahmen
Den Schluss der ‚Vögel', die sind gewiss
Das beste von Vaters Dramen."
(Caput XXVII, S. 65, V. 2004–2007)

Heine verweist hier auf Caput XXVI, in dem sich das Ich und Hammonia näherkommen. Das ist sehr witzig und nicht gegen die Vorlage gerichtet. Im Gegenteil: Heine sieht sich in der Tradition des Aristophanes (vgl. S. 64, V. 1996–1999). Hier liegt also ein sogenannter Pastiche vor.

Pastiche

Der **Pastiche ist eine Form der Parodie**, bei der andere Texte nachgeahmt werden. Bei der Gattung der Parodie gilt es zu unterscheiden zwischen Pastiche und Gegen-Gesang (oder Gegen-Dichtung). Der Pastiche ist die Adaptation einer literarischen Vorlage, verbunden mit der Transformation von Form und Inhalt, ohne die Vorlage herabzusetzen. Der Gegen-Gesang dagegen zielt darauf ab, die parodierte Vorlage lächerlich zu machen. Die Parodie ist immer gegen ihre Vorlage gerichtet.

Durch das Spiel mit Satire und Pastiche verhindert Heine die Eintönigkeit, die politischer Dichtung anhaften kann. Transportieren die satirischen Elemente eine politische Botschaft, so ist der Tonfall teilweise messerscharf. Dadurch wird der Rezipient zur Reflexion des Gelesenen animiert. Der Pastiche hingegen sorgt für **Komik**, die den Rezipienten bestens unterhält. Abschließend bleibt aber festzuhalten, dass die satirischen Elemente überwiegen.

Effekt: erhöhte Leseaufmerksamkeit

Rekurs auf Mythen

In *Deutschland. Ein Wintermärchen* rekurriert Heine auf griechische und deutsche Mythen. Als Mythos bezeichnet man sowohl überlieferte Dichtungen bzw. Sagen über das Werden eines Volkes als auch eine Person oder ein Geschehen, welche damit in Zusammenhang stehen.

In *Deutschland. Ein Wintermärchen* verweist Heine auf zwei deutsche Nationalmythen. Da ist einmal die **Varusschlacht** im Teutoburger Wald 9 n. Chr., in der der Cheruskerfürst Hermann die Heere des Publius Quinctilius Varus schlug und so Vater Germaniens wurde. Heine beschreibt die Geburt einer Nation so:

Varusschlacht

„Das ist der Teutoburger Wald,
Den Tacitus beschrieben,
Das ist der klassische Morast,
Wo Varus stecken geblieben.

Hier schlug ihn der Cheruskerfürst,
Der Hermann, der edle Recke:
Die deutsche Nationalität,
Die siegte in diesem Drecke."
(Caput XI, S. 28, V. 732–739)

Dabei distanziert sich Heine von seinem Vaterland, wie durch die Worte „Morast“ und „Drecke“ angezeigt wird.

Der Barbarossa-Mythos

Ein weiterer von Heine aufgegriffener Nationalmythos ist die **Sage Friedrich I.**, genannt Barbarossa und römisch-deutscher Kaiser von 1155 bis 1190. Dieser schläft der Sage nach mit seinem Heer im Kyffhäuser, um einmal zurückzukehren und das Reich zu retten (vgl. Caput XIV, S. 34 ff.).

Griechische Mythologie

Außerdem bedient sich Heine zur Veranschaulichung des Erzählten Figuren aus der griechischen Mythologie, so der Amazone Atalante, die ein Wettrennen verliert, weil sie sich nach einem goldenen Apfel bückt (vgl. Caput VIII, S. 24, V. 604), Odysseus und Polyphem (Caput XVIII, S. 43, V. 1256–1275), die einen Kampf auf Leben und Tod ausfechten, oder Göttervater Jupiter (Jovis), der strafend Blitze schleudert (Caput XXVII, S. 65, V. 2034).

Themen und Motive

Motive dienen der Verknüpfung

Motive sind die kleinsten thematischen Einheiten der Handlung. Heine arbeitet mit zentralen Motiven, die sich wiederholen. Erste Eindrücke, die der Leser bei der Rezeption gewinnt, können sich durch die **Motivwiederholungen** verdichten und so eine erzählte Welt formen. Beispiele und Effekt der wichtigsten Motive werden in einer repräsentativen Auswahl im Folgenden dargestellt und erläutert.

MOTIV	ERSTNENNUNG	WIEDERHOLUNG	EFFEKT
Das Lied (repräsentativ)	„Sie sang das alte Entsagungslied,/ Das Eiapopeia vom Himmel,/ Womit man einlullt, wenn es greint,/ das Volk, den großen Lümmel." (Caput I, S. 7, V. 26 ff.)	„Ein neues Lied, ein besseres Lied,/ O Freunde, will ich euch dichten!/ Wir wollen hier auf Erden schon/ Das Himmelreich errichten." (Caput I, S. 8, V. 34ff.); „Ein neues Lied, ein besseres Lied!/Es klingt wie Flöten und Geigen!/Das Miserere ist vorbei,/ Die Sterbeglocken schweigen." (Caput I, S. 8, V. 54 ff.); „'Das dumme Lied und der dumme Kerl! Er hat mich schmählich blamieret, Gewissermaßen hat er mich auch Politisch kompromittieret.'" (Caput V, S. 17, V. 346 ff.); „Gib dich zufrieden, Vater Rhein,/Denk nicht an schlechte Lieder,/Ein besseres Lied vernimmst du bald –/Leb wohl, wir sehen uns wieder." (Caput V, S. 18, V. 394 ff.)	Das Motiv des Liedes steht für miteinander konkurrierende Geisteshaltungen. Die Zitate S. 7 und S. 17 repräsentieren die reaktionären Verhältnisse im Land. In Opposition dazu stehen die beiden Zitate S. 8 und S. 18. Im Gegensatz zu den Zitaten auf den Seiten 7 und 17 sind sie in einem hymnischen Ton gehalten und verweisen auf eine bessere Zukunft.
Die Reise	„Im traurigen Monat November war's,/Die Tage wurden trüber,/Der Wind riss von den Bäumen das Laub,/Da reist ich nach Deutschland hinüber." (Caput I, S. 7, V. 1 ff.)	„Ein Spätherbstmorgen, feucht und grau,/Im Schlamme keuchte der Wagen;" (Caput VIII, S. 24, V. 593 f.); „Die Sonne ging auf bei Paderborn,/ Mit sehr verdrossner Gebärde./Sie treibt in der Tat ein verdrießlich Geschäft –/Beleuchten die dumme Erde!" (Caput XIII, S. 31, V. 854 ff.); „Ein feuchter Wind, ein kahles Land,/ Die Chaise wackelt im Schlamme;" (Caput XIV, S. 33, V. 895 f.); „Ein feiner Regen prickelt herab,/Eiskalt, wie Nähnadelspitzen./Die Pferde bewegen traurig den Schwanz,/Sie waten im Kot und schwitzen." (Caput XV, S. 36, V. 1016 ff.); „Das halbe Fürstentum Bückeburg/Blieb mir an den Stiefeln kleben;/So lehmichte Wege habe ich wohl/Noch nie gesehen im Leben." (Caput XIX, S. 45, V. 1316 ff.)	Die Motive repräsentieren Mühe und Trübsinn. Schlamm, Lehm und Kot erschweren das Weiterkommen, die meteorologischen Verhältnisse sind unwirtlich. All dies symbolisiert den Zustand Deutschlands als wenig einladend. Dazu passt auch der Titel *Deutschland. Ein Wintermärchen*: Gleichsam erstarrt erscheint die deutsche Nation (vgl. Prüfungsaufgabe 4, S. 116).

MOTIV	ERSTNENNUNG	WIEDERHOLUNG	EFFEKT
Der Genius	„Die Jungfer Europa ist verlobt/Mit dem schönen Geniusse/Der Freiheit, sie liegen einander im Arm,/Sie schwelgen im ersten Kusse." (Caput I, S. 8, V. 58 ff.)	„Ich küsse dich, und ich fühle, wie mich/Dein Genius begeistert;/Es hat ein wunderbarer Rausch/Sich meiner Seele bemeistert." (Caput XXVI, S. 63, V. 1947 ff.)	Das Zitat S. 8 repräsentiert die Vereinigung des schöpferischen Prinzips mit der Europa der griechischen Mythologie, die natürlich für den geografischen Raum steht. Das Zitat S. 63 steht für Okkupation des Genius durch Hammonia. Zitat S. 8 repräsentiert eine pantheistische Haltung, während das Zitat S. 63 für Spießigkeit steht, die das schöpferische Prinzip vereinnahmen und, wie aus den folgenden Capita ersichtlich wird, seiner Kraft berauben will.
Das blutende Herz	„Und als ich die deutsche Sprache vernahm,/Da ward mir seltsam zumute;/Ich meinte nicht anders, als ob das Herz/Recht angenehm verblute." (Caput I, S. 7, V. 10 ff.).	„Wir gingen weiter. Mein Herz in der Brust/War klaffend aufgeschnitten,/Und aus der Herzenswunde hervor/Die roten Tropfen glitten./Ich tauchte manchmal die Finger hinein,/Und manchmal ist es geschehen,/Dass ich die Haustürpfosten bestrich/Mit dem Blut im Vorübergehen./Und jedes Mal, wenn ich ein Haus/Bezeichnet in solcher Weise,/Ein Sterbeglöckchen erscholl fernher,/Wehmütig wimmernd und leise." (Caput VII, S. 21, V. 508 ff.); „Es dröhnte der Hiebe Widerhall/Aus allen Gewölben, entsetzlich! –/Blutströme schossen aus meiner Brust,/Und ich erwachte plötzlich." (Caput VII, S. 23, V. 584 ff.)	Hier sind zwei Motive miteinander kombiniert, nämlich das Motiv des Herzens, das für die Liebe steht, und das Motiv des Blutes, das für Opferbereitschaft steht. Das Zitat S. 7 repräsentiert Wehmut, in den Zitaten S. 21 und S. 23 dominiert ein anderer Tonfall. Die Kombination beider Motive steht für Leid. Das „Ich" tut, was es seinem Empfinden nach tun muss, doch es leidet an seinem Tun.

MOTIV	ERSTNENNUNG	WIEDERHOLUNG	EFFEKT
Der Vogel	„Zu Aachen, auf dem Posthausschild,/Sah ich den Vogel wieder,/Der mir so tief verhasst! Voll Gift/Schaute er auf mich nieder." (Caput IV, S. 12, V. 184 ff.)	„Du hässlicher Vogel, wirst du einst/Mir in die Hände fallen,/So rupfe ich dir die Federn aus/Und hacke dir ab die Krallen." (Caput IV, S. 12, V. 188 ff.); „Wer mir den Vogel herunterschießt,/Mit Zepter und Krone belehn ich/Den wackern Mann! Wir blasen Tusch/Und rufen: ‚Es lebe der König!'" (Caput IV, S. 12, V. 196 ff.); „Er glich dem preußischen Adler jetzt,/Und hielt meinen Leib umklammert;/Er fraß mir die Leber aus der Brust,/Ich habe gestöhnt und gejammert." (Caput XVIII, S. 44, V. 1299 ff.); „Kalkuten schaden euch nicht viel,/Doch hütet euch vor der Tücke/Des Vogels, der sein Ei gelegt/In des Bürgermeisters Perücke. - -/Wer dieser fatale Vogel ist,/Ich brauch es euch nicht zu sagen – /Denk ich an ihn, so dreht sich herum/Das Essen in meinem Magen." (Caput XXI, S. 50, 1482 ff.)	Das Motiv des Vogels repräsentiert den preußischen Adler. Dieser wiederum symbolisiert das Königreich Preußen. Aus der Zusammenschau der Zitate erschließt sich eine tiefe Abneigung des „Ichs" gegen Preußen.
Das Harfenmädchen	„Ein kleines Harfenmädchen sang./Sie sang mit wahrem Gefühle/Und falscher Stimme, doch ward ich sehr/gerühret von ihrem Spiele." (Caput I, S. 7, V. 14 ff.)	„Während die Kleine von Himmelslust/Getrillert und musizieret,/Ward von den preußischen Douaniers/Mein Koffer visitieret." (Caput II, S. 9, V. 79 ff.)	Das Harfenmädchen steht für das gefühlige, aber unaufrichtig-misstrauische Deutschland. Wie misstrauisch das Land ist, zeigt sich, dass unter den Augen des Harfenmädchens der Koffer des Reisenden durchsucht wird. Das Motiv des Harfenmädchens kann auch als Allegorie (vgl. nächste Tabelle) verstanden werden.

Stilmittel

STILMITTEL	DEFINITION	TEXTBELEG (REPRÄSENTATIV)
Allegorie	Veranschaulichung eines abstrakten Begriffes durch eine bildhaft-konkrete Darstellung	„Ein kleines Harfenmädchen sang./Sie sang mit wahrem Gefühle/Und falscher Stimme, doch ward ich sehr/gerühret von ihrem Spiele." (Caput I, S. 7, V. 14 ff.)
Anapher	Wiederholung eines Wortes oder einer Wortgruppe am Anfang aufeinanderfolgender Sätze, Satzteile, Textabschnitte oder Verse	„Ich kenne die Weise, ich kenne den Text,/Ich kenn auch die Herren Verfasser;/Ich weiß, sie tranken heimlich Wein/Und predigten öffentlich Wasser." (Caput I, S. 7, V. 30 ff.)
Enumeratio	Aufzählung	„Man schickte uns Kleider und Betten genug,/Auch Brot und Fleisch und Suppen!" (Caput XXI, S. 49, V. 1462 f.)
Ironie	Behauptung, die das Gegenteil dessen meint, was sie ausdrückt	„'Er gibt die äußere Einheit uns,/Die so genannte materielle;/Die geistige Einheit gibt uns die Zensur,/Die wahrhaft ideelle –'" (Caput II, S. 10, V. 115 ff.)
Metapher	Bildhafter Ausdruck ohne Vergleichspartikel	Die Westfalen als „sentimentale Eichen" mit „Löwenherzen" (Caput X, S. 27, V. 722 bzw. 716).
Neologismus	Sprachliche Neubildung	„Mein Kopf ist ein zwitscherndes Vogelnest/Von konfiszierlichen Büchern." (Caput II, S. 9, V. 101 f.): Der Neologismus ist hier „konfiszierlich".

STILMITTEL	DEFINITION	TEXTBELEG (REPRÄSENTATIV)
Pathetisches Sprechen	Feierliches, durch Emotion überprägtes Sprechen	„Ein neues Lied, ein besseres Lied,/ O Freunde, will ich euch dichten!/Wir wollen hier auf Erden schon/Das Himmelreich errichten." (Caput I, S. 8, V. 34 ff.)
Personifikation	Vermenschlichung; Darstellung von etwas Abstraktem oder Allgemeinem als Mensch bzw. Person	„'Willkommen, mein Junge, das ist mir lieb,/Dass du mich nicht vergessen;/Seit dreizehn Jahren sah ich dich nicht,/Mir ging es schlecht unterdessen.'" (Caput V, S. 16, V. 326 ff.): Personifikation von Vater Rhein.
Symbol	Konkretes Zeichen, das auf abstrakten Inhalt hindeutet; das Bild vertritt die gemeinte Sache	„Zu Aachen, auf dem Posthausschild,/Sah ich den Vogel wieder,/ Der mir so tief verhasst! Voll Gift/ Schaute er auf mich nieder." (Caput IV, S. 12, V. 184 ff.). Vgl. auch Prüfungsaufgabe 4, S. 116.
Vergleich	Verbindung zweier Bereiche mittels eines Vergleichspunktes; konstitutiv sind Vergleichspartikel	„Als Republik war Hamburg nie/So groß wie Venedig oder Florenz,/" (Caput XXIII, S. 52, V. 1560 ff.)

3.7 Interpretationsansätze

ZUSAMMENFASSUNG

Heinrich Heine ist ein politischer Schriftsteller seiner Zeit, der mit *Deutschland. Ein Wintermärchen* einen Einblick in die gesellschaftspolitischen Zusammenhänge (vgl. auch Kapitel 2.2) seiner Zeit gibt. Zudem können wir ihn als Vertreter einer europäischen Idee sehen.

Politische Dichtung

Typisch für Krisen- u. Umbruchszeiten

Politische Dichtung ist eine Sammelbezeichnung für Dichtungen, die politische Ideen sowie politische Prozesse thematisieren. Sie ist typisch für politische **Krisen- oder Umbruchszeiten**. In der Regel wird politische Dichtung mit der Intention einer direkten politischen Beeinflussung oder Wirkung verfasst. Die künstlerisch-literarische Form wird also instrumentalisiert und in den Dienst einer politischen Auseinandersetzung gestellt. Entsprechend der politischen Thematik wird politische Dichtung bezeichnet als gesellschaftskritische Dichtung, als vaterländische Freiheits- oder Kriegsdichtung usw. Zu den Vertretern dieser Dichtung gehört z. B. Theodor Körner. Heine verweist in seinem *Wintermärchen* auf ihn:

> „Es sind die grauen Mäntel noch,
> Mit dem hohen roten Kragen –
> (Das Rot bedeutet Franzosenblut,
> Sang Körner in früheren Tagen.)“
> (Caput III, S. 11, V. 140 ff.)

Die Dichtung kann kritisch oder affirmativ sein, so feierte die von Heinrich Heine erwähnte Schriftstellerin Anna Louisa Karsch („Die alte Karschin ...“, Caput XVI, S. 39, V. 1121) die Eroberungskriege Friedrich des Großen.

Aus einem politischen Anlass heraus

Politische Dichtung hat viele Gesichter. Sie kann als kühle Analyse der herrschenden Verhältnisse daherkommen, sie kann Anklage oder Appell sein, sie kann auch fundamentale Änderungen propagieren, z. B. in Form einer Utopie. Politische Dichtung besteht immer aus einem bestimmten politischen Anlass heraus, sie ist also determiniert und daher nur **im historischen Kontext zu verstehen**, was ihre literarische Wertung problematisch macht.

In der Regel Kleinform wie Brief oder Fabel

Beschränkt ist sie auch in ihren Formen, so bevorzugen die Autoren politischer Literatur in der Regel die Kleinform wie Epigramm, Ballade oder Fabel. Auch kurze Prosaformen wie Flugblatt (*Der Hessische Landbote* Georg Büchners) oder Brief werden verwendet. Der Grund dafür ist, dass die Kleinformen eine Konzentration auf das Wesentliche fordern und so zu pointierten Aussagen führen. Dadurch wird die Wirksamkeit des Textes verstärkt.

Allerdings gibt es durchaus auch epochemachende Romane, so die utopischen Staatsromane des 17. und 18. Jahrhunderts wie Christoph Martin Wielands *Der goldne Spiegel oder die Könige von Scheschian* (1772), in dem in Dialogform **staatspolitische Entwürfe** vorgestellt werden. Dies gilt auch für das Drama, das durch seine Aufführung auf der Bühne sehr nachdrücklich auf das Publikum wirken kann. Der in diesem Zusammenhang bekannteste deutsche Dramatiker dürfte Bertolt Brecht sein, der mit sozialistischem Sendungsbewusstsein Dramen schuf wie *Mutter Courage und ihre Kinder* (1939), um nur das bekannteste zu nennen. Berühmt sind die antiken Dramen des Aischylos (*Die Perser*, 472 v. Chr.) und die Komödien des Aristophanes, auf deren Werke Heine in seinem Versepos verweist, nämlich auf *Die Vögel* und *Die Frösche* (vgl. Caput XXVII, S. 64 ff.).

Politische Dichtung gab es zu allen Zeiten

Der hier aufgespannte Zeitraum von der Antike bis zum 20. Jahrhundert zeigt, dass es politische Dichtung zu allen Zeiten gab, so auch im Mittelalter. Als Beispiel sei hier der ebenfalls von Heine erwähnte proreformatorische Humanist Ulrich von Hutten genannt, der 1520 die romfeindlichen *Dialogi* verfasste (Caput IV, S. 13, V. 224). Eine weltlich ausgerichtete Dichtung war die des Sturm und Drang 1767–1785. Das wichtigste Drama dieser literaturhistorischen Epoche ist Friedrich Schillers Drama *Die Räuber* (1781). Heine rekurriert darauf im Vorwort zu *Deutschland. Ein Wintermärchen*:

> „Wahrhaftig, Schufterle ist nicht tot, er lebt noch immer und steht seit Jahren an der Spitze einer wohlorganisierten Bande von literarischen Strauchdieben, die in den böhmischen Wäldern unserer Tagespresse ihr Wesen treiben, hinter jedem Busch, hinter jedem Blatt versteckt liegen und dem leisesten Pfiff ihres würdigen Hauptmanns gehorchen."
> (Vorwort, S. 5, V. 96 ff.)

Mit dem „Schufterle" (in den *Räubern* eine negative Figur) ist vermutlich der Publizist Wolfgang Menzel gemeint, der das Verbot des „Jungen Deutschland" initiierte und gegen den und die schwäbische Dichterschule Heine immer wieder polemisierte.

Aktuelle Autoren

Aktuelle Autoren politischer Literatur sind u. a. Ingo Schulze (*Unsere schönen neuen Kleider*, 2012) und Dietmar Darth (*Deutschland macht dicht*, 2010). Erwähnt werden sollte auch Michael Wolffsohn, der wie Heine das Konzept der Nationalstaaten in Frage stellt (*Zum Weltfrieden. Ein politischer Entwurf*, 2015).

Politische Literatur		*Deutschland. Ein Wintermärchen*
Thematisierung politischer Ideen und politischer Prozesse	→	Deutschland im Vormärz
Typisch für politische Krisen- und Umbruchszeiten	→	Ablehnung der bestehenden politischen Ordnung inkl. der sozialen Frage
Intention der Beeinflussung und Wirkung	→	Postulat eines geeinten Deutschlands
anklagend oder appellativ	→	anklagend und appellativ
kritisch oder affirmativ	→	kritisch

Heinrich Heine – ein Intellektueller?

> „Ich bin kein Gelehrter, ich gehöre nicht zu den 700 Weisen Deutschlands. Ich stehe mit dem großen Haufen vor den Pforten ihrer Weisheit, und ist da irgend eine Wahrheit durchgeschlüpft, und ist diese Wahrheit bis zu mir gelangt, dann ist sie weit genug: – ich schreibe sie mit hübschen Buchstaben auf Papier und gebe sie dem Setzer; der setzt sie in Bley und giebt sie dem Drucker; dieser druckt sie und sie gehört dann der ganzen Welt."[93]

Weitergabe von Wissen

Aus diesem Zitat kann abgeleitet werden, dass Heine sich als Anwalt der Wahrheit versteht. Sie ist für ihn das höchste Gut, die es öffentlich zu machen gilt. Indem er dies tut, initiiert er einen Prozess der Transparenz. Dieser Prozess ist subversiv. Warum? Publiziert

93 http://hhp.uni-trier.de/Projekte/HHP/

Heine das, was er die Wahrheit nennt, gibt er Wissen weiter. „Wissen ist Macht", sagte der englische Philosoph Francis Bacon. Der Nichtwissende ist also machtlos, weshalb er den Verhältnissen ausgeliefert ist. Das Wissen um die Wahrheit hebt diesen Zustand auf und macht das Individuum handlungsfähig.

Der Intellektuelle: Kreieren von Bewusstsein

Heine zeigt hier eine Haltung, die in der zweiten Hälfte des 19. Jahrhunderts „intellektuell" genannt werden wird. Der Intellektuelle versteht sich als *homo politicus* und in diesem Sinne handelt (und publiziert) er. Der Intellektuelle kreiert so Bewusstsein.

Dies tut Heine, wenn er in *Deutschland. Ein Wintermärchen* den Umgang mit kritischen Autoren im Deutschland des Vormärz thematisiert:

„Gedankenfreiheit genoss das Volk,
Sie war für die großen Massen,
Beschränkung traf nur die g'ringe Zahl
Derjen'gen, die drucken lassen.

Gesetzlose Willkür herrschte nie,
Dem schlimmsten Demagogen
Ward niemals ohne Urteilsspruch
Die Staatskokarde entzogen.

So übel war es in Deutschland nie,
Trotz aller Zeitbedrängnis –
Glaub mir, verhungert ist nie ein Mensch
In einem deutschen Gefängnis."
(Caput XXV, S. 59, V. 1810 ff.)

Gleichwohl gibt es eine Dichotomie.[94] Es existiert der *homo politicus*, der durch sein Schreiben politische Veränderungen herbeiführen will, neben dem stilbewussten, begnadeten Poeten, der die Autonomie der Kunst postuliert. Indikator dafür ist die Auseinandersetzung mit Ludwig Börne (vgl. Kapitel 2.3). In der 1840 veröffentlichten Börne-Denkschrift klärt Heine die begriffliche Differenz zwischen politischem Schriftsteller und Dichter. Er verortet den Intellektuellen in den Kontext des Rationalen und Zweckorientierten. Die politische Literatur ist also immer dem Zweck verpflichtet, im Gegensatz zur Dichtung, die autonom ist und nicht instrumentalisiert werden kann. Entsprechend sind politische Gedichte für Heine „gereimte Zeitungsartikel; … tagesaktuelle im Wind der Volkstimmung segelnde Gebrauchsdichtung – politische Dichtkunst“[95].

Dichtomie *homo politicus* und *homo poeticus*

Die Schöpfer dieser politischen Dichtkunst bezeichnet er als „Tendenzpoeten“. Diese Tendenzpoeten sind gemäß Heine keine Literaten. Heine aber versteht sich als Literat und entsprechend sieht er sich in der Tradition von Aristophanes, Cervantes und Molière, die Solitäre ihrer Zeit waren:

Heine begreift sich als Literat

> „Es ist mir Leid, aber ich tröste mich mit dem Bewusstsein, dass größere Autoren sich ähnliche Vergehen zuschulden kommen ließen. Des Aristophanes will ich zu solcher Beschönigung gar nicht erwähnen, denn der war ein blinder Heide, und sein Publikum zu Athen hatte zwar eine klassische Erziehung genossen, wusste aber wenig von Sittlichkeit. Auf Cervantes und Molière könnte ich mich schon viel besser berufen; und Ersterer schrieb

---

94 Zweiteilung.
95 Kölsch, Hanskarl: *Heinrich Heine. Zeit – Leben – Werk. Ein Wintermärchen*, S. 68.

für den hohen Adel beider Kastilien, Letzterer für den großen König und den großen Hof von Versailles!"
(Vorwort, S. 3, V. 14–23)

Verspottung der Tendenzpoeten

Entsprechend abgekanzelt werden die Tendenzpoeten, denen er mit *Tendenz* (1842) ein Spottgedicht widmet:

„Deutscher Sänger! sing und preise
Deutsche Freiheit, daß dein Lied
Unsrer Seelen sich bemeistre
Und zu Thaten uns begeistre,
In Marseillerhymnenweise.

Girre nicht mehr wie ein Werther,
Welcher nur für Lotten glüht –
Was die Glocke hat geschlagen,
Sollst du deinem Volke sagen,
Rede Dolche, rede Schwerter!

Sei nicht mehr die weiche Flöte,
Das idyllische Gemüth –
Sei des Vaterlands Posaune,
Sei Kanone, sei Karthaune,

Blase, schmettre, donnre, tödte!
Blase, schmettre, donnre täglich,
Bis der letzte Dränger flieht –
Singe nur in dieser Richtung,
Aber halte deine Dichtung
Nur so allgemein als möglich."[96]

---

96 http://gutenberg.spiegel.de/buch/zeitgedichte-5941/15

In *Deutschland. Ein Wintermärchen* spottet er in Caput XII über sie, so heißt es in genialer Doppeldeutigkeit:

> „Ich bin ein Wolf und werde stets
> Auch heulen mit den Wölfen –
> Ja, zählt auf mich und helft euch selbst,
> Dann wird auch Gott euch helfen!"
> (Caput XII, S. 31, V. 845 ff.)

Urvater der europäischen Intellektuellen

Es kann also angenommen werden, dass Heine sich vermutlich nicht als Intellektueller *sui generis* verstand und sich einer entsprechenden Zuordnung zu entziehen versucht hätte. Unbestritten ist, dass er früh aus den wichtigsten europäischen Ländern wie Italien, England und Frankreich berichtet hat. So schuf er als einer der Ersten ein grenzüberschreitendes europäisches Bewusstsein und initiierte die Herausbildung des europäischen Intellektuellen.

4. REZEPTIONSGESCHICHTE

ZUSAMMEN-FASSUNG

Die Rezeption von *Deutschland. Ein Wintermärchen* ist von Ambivalenz geprägt. Sie begann mit dem Verbot des Versepos kurz nach seiner Publikation durch das repressive Preußen. Knapp 100 Jahre später wiederholte sich dies, das Nazi-Regime verunglimpfte Heines Werk als „entartete Kunst“ und verbot seine Publikation.
Die **Rezeption anderer Schriftsteller** changiert zwischen Ablehnung und Bewunderung. Während sich die einen vom literarischen Format des *Wintermärchens* beeindruckt zeigen, werfen die anderen Heine Unverbindlichkeit vor.
Ebenfalls ambivalent zeigt sich **die Literaturwissenschaft**. Häufig wird der politische Heine gegen den literarischen Heine ausgespielt. Die aktuelle literaturwissenschaftliche Rezeption betrachtet beide Aspekte synthetisch und weist Heine eine etablierte Stellung in der Literaturgeschichte zu.

⇨ S. 31 ff.

Deutschland. Ein Wintermärchen wurde schon kurz nach der Veröffentlichung 1844 durch das repressive Preußen verboten (vgl. Kapitel 3.1). Und auch die Mitglieder der schreibenden Zunft reagierten gespalten auf das Versepos, wie durch repräsentative Stimmen im nachfolgenden Abschnitt dargestellt werden wird.

Rezeption der Schriftsteller

1888: Meister der modernen Lyrik

Für **Friedrich Nietzsche** ist Heine angesichts des *Wintermärchens* der Meister der modernen europäischen Lyrik. 1888 schrieb er in seinem *Ecce Homo*:

„Den höchsten Begriff vom Lyriker hat mir Heinrich Heine gegeben. Ich suche umsonst in allen Reichen der Jahrtausende nach einer gleich süßen und leidenschaftlichen Musik. Er besaß jene göttliche Bösheit, ohne die ich mir das Vollkommene nicht zu denken vermag."[97]

1906: schlechter Einfluss

Der antisemitische Schriftsteller **Adolf Bartels** dagegen fürchtete anlässlich des 50. Todestages Heines 1906 seine Wirkung, da der „Einfluss auf die breiteren Kreise ein durchaus verderblicher ist und immer sein wird" (Nachwort, S. 70). Auch der jüdische Schriftsteller **Karl Kraus** reagierte abwertend auf Heine und sein Werk und verwehrte ihm den Status des Literaten. In einem 1910 in seiner Zeitschrift *Die Fackel* veröffentlichten Artikel warf er Heine „Glattheit und Seichtigkeit" sowie „Imitierbarkeit" und ein Abzielen auf „Massenwirkung" vor. [98]

Positive Rezeption durch Heinrich Mann und Alfred Döblin

Heinrich Mann hingegen äußerte sich zehn Jahre später positiv, so gehört Heine für ihn zu den ersten Schriftstellern, „die soziale Geschichte schrieben" (Nachwort, S. 70). Sehr interessant ist **Alfred Döblins Blick** auf Heines Versepos. Döblin, Schöpfer des epochalen Romans *Berlin Alexanderplatz* (1929), differenzierte dabei zwischen dem Literaten Heine und dem politischen Nonkonformisten Heine. Den Literaten Heine bewertete er wie folgt:

„Heinrich Heine ging den Weg weiter, den Goethe gegangen war. Er erleichterte die deutsche Sprache, machte sie flüssiger, biegsamer …"[99]

---

97 Hohendahl, Peter Uwe: *Heinrich Heine. Europäischer Schriftsteller und Intellektueller*, S. 97.

98 Ebd., S. 201.

99 Davies, Steffan; Schonfield, Ernest: *Alfred Döblin: Paradigms of Modernism*, S. 197.

Außerdem bewunderte er an Heine, dass dieser sich nicht von einer politischen Partei vereinnahmen ließ.

Hermann Kesten 1940: zeitlos

Der 1940 in die USA emigrierte Schriftsteller **Hermann Kesten** bewertete *Deutschland. Ein Wintermärchen* als zeitlos:

> „Heines Poem hat 1944 den frischen Atem behalten, den es 1844 hatte. Seine Poesie ist unsterblich, sein Witz unvergänglich geblieben. Leider sind auch seine Probleme so aktuell wie vor 100 Jahren. [...]. Dieser witzige Deutsche, dieser witzige Jude, ein Prophet des 19. Jahrhunderts ist ein Herold und ein Prophet noch im 20. Jahrhundert geblieben."[100]

Muster für Johannes R. Becher und Wolf Biermann

Für manche Schriftsteller war *Deutschland. Ein Wintermärchen* eine Quelle der Inspiration. Der expressionistische Dichter und spätere Präsident des Kulturbundes der DDR **Johannes R. Becher** verfasste 1934 mit Heines Versepos als Muster *Deutschland: ein Lied vom Köpferollen und von den „nützlichen Gliedern"*, in dem er seinen Prozess wegen Hochverrats thematisiert. **Wolf Biermann** verfasste 1972 mit dem *Wintermärchen* als Vorbild einen sozialkritischen Text gleichen Namens (vgl. Nachwort, S. 69 f.).

Rezeption in der Literaturwissenschaft

Bis ins 20. Jahrhundert Verkennung der literarischen Virtuosität

Der Umgang der deutschen Literaturwissenschaft mit *Deutschland. Ein Wintermärchen* ist ebenfalls von Ambivalenz geprägt.

Richard M. Meyer schien den politischen Gehalt des Versepos ausblenden zu wollen, denn er vermisst die „Poesie des Rheins"[101]. Friedrich Hirth würdigt „die genaue Darstellung der Ereignisse von

---

100 Bellmann, Werner: Heinrich Heine: *Deutschland. Ein Wintermärchen*, S. 130 f.
101 Zitiert nach Pfister, Wolfgang: *Interpretationen* zu Heinrich Heine: Deutschland. Ein Wintermärchen, S. 100.

1840-1843 und bestätigt Heines Auffassung, wonach der Tendenzpoesie mit diesem Werk der Todesstoß versetzt wurde."[102]

Walter Muschg hingegen bezeichnete *Deutschland. Ein Wintermärchen* 1948 in faschistoider Tradition „als das schlimmste Pamphlet, das je gegen die Deutschen geschleudert wurde" (Nachwort, S. 70). **Franz Koch** meinte 1956 in dem Werk pathologische Züge zu erkennen (Nachwort, S. 70).

Vereinnahmung durch die marxistische Literaturwissenschaft

Die marxistische Literaturtheorie versuchte Heines Versepos für sich zu vereinnahmen. Die marxistische Literaturtheorie beruht auf der marxistischen Ideologie. Für marxistisch arbeitende Literaturwissenschaftler ist das von Bedeutung, was der sozialistischen Ideologie dient. Literatur hat also einen festgelegten gesellschaftspolitischen Zweck zu erfüllen. Formale Qualitäten wie literarisches Können treten bei dieser Betrachtung zurück. Als wichtigster Vertreter der marxistischen Literaturtheorie gilt **Georg Lukács**. Für ihn ist Heines *Wintermärchen* „die größte und bedeutendste Dichtung Heines. Dabei sei das Grundproblem vor allem der Kampf gegen die Romantik"[103].

Würdigung des Literaten und politischen Menschen

Die zeitgenössische Literaturwissenschaft würdigt Heine als großen Autor und weitsichtigen politischen Menschen. Stellvertretend dafür sei hier **Robert Steeger** genannt, der sich 2006 wie folgt äußerte:

> „Mit den satirischen Versepen ‚Atta Troll' und … ‚Deutschland. Ein Wintermärchen' steht Heine plötzlich wieder im Fokus des literarischen Interesses, mit diesen Texten … hat er die modische politische Lyrik eines Georg Herwegh oder Hoffmann von Fallersleben sozusagen links überholt – bezüglich des zeitkriti-

---

102 Zitiert nach ebd., S. 100.
103 Zitiert nach ebd., S. 100.

schen Gehaltes und der Forderung nicht nur nach Freiheit, sondern nach Wohlstand und Glück, vor allem aber in ästhetischer Hinsicht. Und was vielleicht das wichtigste ist: Heine erkannte hellsichtig, dass die Verbindung von demokratischem Freiheitsenthusiasmus mit nationalem Getöse im zersplitterten, kleinstaatlichen Deutschland zwar vielleicht verständlich sei, aber zu keinem guten Ende führen könne."[104]

Das *Wintermärchen* im 21. Jahrhundert

Moderner Klassiker

Deutschland. Ein Wintermärchen ist zeitlos angesichts seiner literarischen Qualität und seiner Idee eines geeinten Europas. Gerade in der derzeitigen krisenhaften Situation mit dem Austritt Großbritanniens aus der Europäischen Union („Brexit") und der kaum zu bewältigenden Ankunft von Menschen fremder Kulturen und Sitten in Europa ist die Idee eines geeinten Kontinents hoch aktuell. Dies macht *Deutschland. Ein Wintermärchen* zu einem modernen Klassiker.

Die Stadt Düsseldorf und Heinrich Heine

„Wie es mir im Alter gehen wird?
Ehrlich gesagt, ich wage nicht, daran zu denken!
Ich werde wahrscheinlich die Zahl jener edelsten
und größten Männer Deutschlands vermehren,
die mit gebrochenem Herzen
und zerrissenem Rock ins Grab steigen.
In Düsseldorf wird mir dann wohl
Ein Monument gesetzt werden."[105]

---

104 http://www.heinrich-heine-denkmal.de/rezeption/steegers.shtml

105 Heine 1837 in einem Brief an seinen Bruder Maximilian. Zitiert nach Hupfer, Cordula: *Mit Heine durch Düsseldorf*, S. 100.

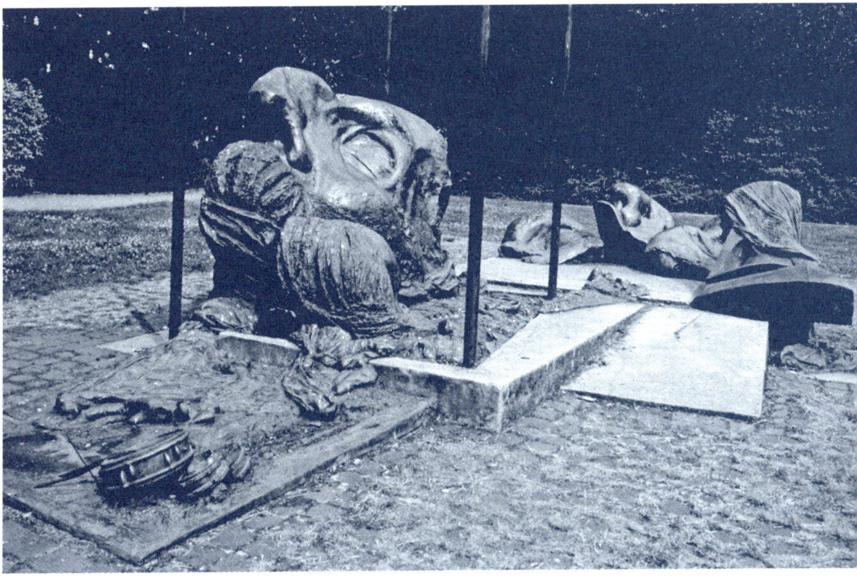

Heine-Denkmal von Bert Gerresheim am Schwanenmarkt in Düsseldorf

In der Tat setzte die Stadt Düsseldorf Heine ein Monument, allerdings erst 1981. Dies ist unsäglich peinlich und vermutlich hätte es die Würdigung nicht gegeben, wäre es nicht ein Geschenk des Düsseldorfer **Bildhauers Bert Gerresheim und des Münchner (!) Mäzens Stefan Kaminski** an die Stadt gewesen. 1994 wurde ein weiteres Denkmal auf dem Vorplatz der Universitäts- und Landesbibliothek errichtet, 2012 schuf Gerresheim ein drittes Denkmal Heines auf dem Campus der Universität. Diese trägt Heines Namen, allerdings erst nach einem langjährigen Streit, der 1966 begann und erst 1988 endete. Auf Wunsch des Germanisten Manfred Windfuhr, der Heine als einen europäischen Intellektuellen verstand, sollte dieser

Spätes Denkmal 1981

„zur Identifikationsfigur für Aufbruch und Erneuerung der von Hochschule und Gesellschaft werden, doch formierte sich heftiger Widerstand, auch von älteren Medizinprofessoren, darunter manche mit NS-Vergangenheit“[106].

Heinrich-Heine-Institut

Nach mehrjährigem Streit und vom akademischen Ausland inzwischen erstaunt beäugt, rang sich der Satzungskonvent schließlich die **Benennung in Heinrich-Heine-Universität** ab.

Seit 1970 gibt es in der Stadt ein Heinrich-Heine-Institut. Hervorgegangen ist es aus der Handschriftenabteilung der Landes- und Stadtbibliothek Düsseldorf, der vormaligen Kurfürstlichen, dann Königlichen Bibliothek, die von Heine selbst genutzt wurde, wie von ihm in *Ideen. Das Buch Le Grand* von 1826 beschrieben. Dieses Institut mit angeschlossenem Museum ist inzwischen eine Institution der internationalen Heine-Forschung, mit dem sich Düsseldorf sehr gerne schmückt.

106 Zitiert nach ebd., S. 110.

5. MATERIALIEN

Der Reisebericht in der Literatur

Die literarische Gattung des Reiseberichts ist definiert durch die Darstellung „von Reisen und Reiseeindrücken, denen reale Erfahrungen zugrunde liegen“[107].

Reale Erfahrungen als Grundlage

Insofern ist er abzugrenzen vom fiktiven Reiseroman sowie von Texten, in denen die Reise nur die Funktion eines Motivs hat wie in Homers *Odyssee* oder im *Don Quijote* von Miguel de Cervantes. Literaturhistorisch gehört der Reisebericht zu den ältesten literarischen Gattungen, so verfasste bereits Pausanias um 170 n. Chr. eine Beschreibung Griechenlands. Die Form des Reiseberichts ist variabel, er kann als Reisegedicht, als Briefsammlung sowie als Tagebuch verfasst werden oder wie in der Weimarer Republik als Reportage.

Der erste deutsche Reisebericht wurde von Sigmund von Herberstein verfasst, der in seiner *Musovia* (1557) über Russland schrieb. In der Folge erschienen Berichte über Persien und Japan, so von Engelbert Kaempfer, der mit seinem Buch *Geschichte und Beschreibung von Japan* (1777–1779) das europäische Japanbild wesentlich prägte.

Zunächst kulturell-wissenschaftlich ausgerichtet

In der zweiten Hälfte des 18. Jahrhunderts etablierte sich die Gattung. Paradigmatisch dafür ist Georg Forster mit seiner Publikation *Reise um die Welt* (1778–1780), dem Bericht über die Weltumsegelung des Engländers James Cook. Auch Friedrich Nicolai ist hier zu nennen mit seiner Beschreibung einer *Reise durch Deutschland und die Schweiz* (1783–1796) im Jahre 1781 sowie Alexander von Hum-

———

107 Meid, Volker: *Sachwörterbuch zur deutschen Literatur*, S. 431.

boldts Forschungsreisen nach Südamerika (*Voyage*, 1805–1834). Johann Wolfgang von Goethe griff den Erfolg der Gattung ebenfalls auf und erweiterte die Reihe literarischer *Reiseberichte* durch seine *Italienische Reise* (1816/1817, 1829).

Politische Ausrichtung

Waren diese Reiseberichte wissenschaftlich-informativer Natur, änderte sich in der Folgezeit der Ton. Eingeleitet wurde diese Entwicklung durch Johann Gottfried Seumes, der 1802 Italien besuchte. Über diese Reise berichtete er in *Spaziergang nach Syracus im Jahre 1802* (publiziert 1803), doch im Gegensatz zu Goethe ist er an der Wiederbelebung klassischer Ideale nicht interessiert. Er beschreibt ein Land, das unter dem Feudalismus und einer korrupten Kirche ächzt, womit er die Gattung des Reiseberichts erstmals in einen politischen Kontext setzt.

Heinrich Heines *Reisebilder*

Dieser Ansatz wurde von Heinrich Heine aufgenommen und in seinen epochemachenden *Reisebildern* (1826–1831) gewissermaßen veredelt. Der subjektive Blick auf die Dinge, deren Reflexion und ironische Darstellung führten zu einer Gesellschafts- und Religionskritik, die ein Novum war in der Reiseliteratur und in dessen Kontext auch *Deutschland. Ein Wintermärchen* gehört.

In der zweiten Hälfte des 19. Jahrhunderts wurde der Ton milder. Paradigmatisch dafür ist Theodor Fontane mit seinen *Wanderungen durch die Mark Brandenburg* (1861–1881). In der Weimarer Republik erfolgte dann erneut eine Politisierung der Gattung, wofür besonders die Reportagen von Egon Erwin Kisch, aber auch besonders die der Schweizerin Annemarie Schwarzenbach stehen, die u. a. 1933 aus dem faschistischen Spanien Francos berichtete. Auch die in der Nachkriegszeit verfassten Reiseberichte von Autoren wie Wolfgang Koeppen (z. B. *Amerikafahrt* von 1959) und Hans Magnus Enzensberger (*Ach Europa! Wahrnehmungen aus sieben Ländern. Mit einem Epilog aus dem Jahre 2006*) sind in einem politischen Kontext zu sehen.

Die Satire

Die Satire bewertet reale Verhältnisse und übt Kritik. Sie blickt als Gattung in der Literatur auf eine lange Tradition zurück und tritt in vielfältiger Weise auf.

Ursprung in der Antike

„Wenn es nichts zu lachen gibt, kommen Satiriker auf die Welt", sagte der polnische Lyriker und Aphoristiker Stanisław Jerzy Lec. Dieses Bonmot sagt alles über diese Gattung. Geboren wurde die Satire bereits in der Antike, sie ist also wie der Reisebericht (vgl. S. 99) eine der ältesten literarischen Gattungen. Im Gegensatz zum Reisebericht gilt es bei der Satire zwischen zwei Gattungstypen zu unterscheiden. Da gibt es einmal die römische Verssatire, die vor allem mit den Namen Horaz und Juvenil verbunden ist. Sie macht in stilisierter Form und mit moralischem Anspruch auf zeittypisches Fehlverhalten aufmerksam im Gegensatz zur menippeischen Satire von Lukian und Seneca, die eher auf die Komisierung und Herabsetzung ihrer Gegenstände setzt.

Zeitkritik

In beiden Fällen wird auf eine zumeist zeitgenössische, oft gesellschaftliche Realität Bezug genommen. Diese wird als negativ angesehen und dementsprechend dargestellt. Dies impliziert eine moralische Norm, auf deren Grundlage die realen Verhältnisse bewertet werden. Somit wird in der Satire ein defizitärer Ist-Zustand einem idealen Soll-Zustand gegenübergestellt. Typisch für die Satire ist, dass das als defizitär Empfundene selten direkt angesprochen, als Missstand aber immer erkennbar bleibt. Erreicht wird dies z. B. durch fehlende Nennung der Namen kritisierter Personen, der Verwendung von Allegorien oder die Verlegung der Missstände des eigenen Landes in ein anderes. Ziel der Satire ist immer die Entlarvung der Missstände, weshalb sie subversiv ist und für den Autor durchaus gefährlich sein kann.

Subversiv

Im Laufe der Literaturgeschichte trat die Form der Satire zurück zugunsten ihrer Absicht, so konnte ambitionierte Gesellschaftskritik im Gewand satirischer Epigramme[108] daherkommen. Dies geschah auch während der Zeit der Restauration, wofür hier ein repräsentatives Epigramm Georg Herweghs mit dem Titel *Prärogative*[109] zitiert wird:

„Seid ihr wirklich bessern Blutes
als das bürgerliche Pack:
Hütet euch doch vor den Flöhen,
denn die haben drin Geschmack!
Sollten's meine Flöhe merken,
meine Sans-culottes-Flöhe,
Diese kleinen Epigramme:
weh' dem deutschen Adel, wehe!"[110]

In diesen Kontext schonungsloser zeitgenössischer Gesellschaftskritik gehört selbstverständlich auch Heinrich Heine. In *Deutschland. Ein Wintermärchen* erschließt sich das Gesellschaftskritische bereits im Vorwort, in dem Heine auf die Publikationsgeschichte des Versepos eingeht:

„Noch ein Wort. Das ‚Wintermärchen' bildet den Schluss der ‚Neuen Gedichte', die in diesem Augenblick bei Hoffmann und Campe erscheinen. Um den Einzeldruck veranstalten zu können, musste mein Verleger das Gedicht den überwachenden Behörden zu besonderer Sorgfalt überliefern, und neue Varianten und Ausmerzungen sind das Ergebnis dieser höheren Kritik." (S. 5)

---

108 Knappe und pointierte Aussage in einer ebenso knappen Form.
109 Vorrechte.
110 http://www.deutschestextarchiv.de/book/view/herwegh_gedichte02_1843?p=143

Im Text selbst wird Heine dann sehr viel konkreter, was z. B. mit folgendem Zitat belegt werden kann:

„Auch einen Schweinskopf trug man auf
In einer zinnernen Schüssel;
Noch immer schmückt man den Schweinen bei uns
Mit Lorbeerblättern den Rüssel."
(Caput IX, S. 27, V. 690–694)

Ohne gattungstypisch Namen zu nennen, kritisiert er in bester satirischer Manier die Repräsentanten der herrschenden Gesellschaftsordnung, indem er sie im Gewand eines Säugetiers mit schlechtem Image daherkommen lässt.

6. PRÜFUNGSAUFGABEN MIT MUSTERLÖSUNGEN

Unter www.königserläuterungen.de/download finden Sie im Internet zwei weitere Aufgaben mit Musterlösungen.

Die Zahl der Sternchen bezeichnet das Anforderungsniveau der jeweiligen Aufgabe.

Aufgabe 1 ***

Zeigen Sie unter Zuhilfenahme geeigneter Zitate aus *Deutschland. Ein Wintermärchen* Heines Romantik-Rezeption.

Internationale geistige Bewegung

Mögliche Lösung: Die Romantik ist eine internationale geistige Bewegung mit den Kernpunkten Nationalgedanke und Nationalliteratur, christliche Lebensführung sowie Sensibilität gegenüber der Natur. Der Terminus Romantik entstammt dem altfranzösischen Wurzelwort „romanz". Im 17. Jahrhundert fand es in Form von „Roman" Eingang in die deutsche Sprache, in der es einen Ritter- und Abenteuerroman bezeichnete. In der Literatur des 18. Jahrhunderts wurde romantisch allgemein im Sinne von romanhaft bzw. erzählend verwendet. Mit ihm konnotiert sind zunächst auch Märchenhaftes und Wunderbares, Volkstümliches und Naives, Seltsames und Fernes, Ritterlich-Mittelalterliches, dann auch Nächtlich-Dunkles, Gespenstisches und Grausiges.

Abwertung durch Heine

Ende des 18. Jahrhunderts wurde der Ausdruck „romantisch" von Friedrich Schlegel und Novalis aufgenommen. Jean Paul sorgte 1804 mit seiner *Vorschule der Ästhetik* für die Popularisierung des Ausdrucks. Heinrich Heine schließlich bewirkte mit seiner Abhandlung *Die romantische Schule* (1836) eine eher negative Konnotation der Termini Romantik/romantisch im Sinne von konservativ/reaktionär. In diesem Sinne sind folgende Strophen zu verstehen:

> „Das ist so rittertümlich und mahnt
> An der Vorzeit holde Romantik,
> An die Burgfrau Johanna von Montfaucon,
> An den Freiherrn Fouqué, Uhland, Tieck.
> Das mahnt an das Mittelalter so schön,
>
> An Edelknechte und Knappen,
> Die in dem Herzen getragen die Treu
> Und auf dem Hintern ein Wappen."
> (Caput III, S. 11, V. 164-171)

In der ersten Strophe setzt Heine die Romantik in einen vorzeitlichen Kontext, fern jeder Moderne. In der zweiten Strophe assoziiert Heine die Romantik mit dem Mittelalter und einer hierarchischen, überholten Gesellschaftsordnung. Dass die Romantik für ihn eine Art Anachronismus ist, lässt sich aus der folgenden Strophe ableiten, in der er sehr witzig ein Damals und ein Heute formuliert:

Romantik = Mittelalter = reaktionär

> „Nur fürcht ich, wenn ein Gewitter entsteht,
> Zieht leicht so eine Spitze
> Herab auf euer romantisches Haupt
> Des Himmels modernste Blitze! - -"
> (Caput III, S. 12, V. 180–183)

Gleichwohl verwendet Heine in *Deutschland. Ein Wintermärchen* für die Romantik typische Stilmittel wie den Traum und romantische Symbole.

Verwendung des Stilmittels Traum

In Anlehnung an den spätromantischen Meister des literarischen Angsttraumes E.T.A. Hoffmann findet sich in *Deutschland. Ein Wintermärchen* ein solcher. In diesem Traum wird der Reisende von „Gendarmen in Leichenlaken gehüllt" (Caput XVIII, S. 44, V. 1287), zu einer Felsenwand geschleppt und dort festgebunden. In dieser hilflosen Situation wird ihm wie Prometheus von einem Adler die Leber aus dem Körper gefressen.

„Er glich dem preußischen Adler jetzt,
Und hielt meinen Leib umklammert;
Er fraß mir die Leber aus der Brust,
Ich habe gestöhnt und gejammert."
(Caput XVIII, S. 44, V. 1299–1302)

Auch der Gang des Reisenden zusammen mit seinem *Alter Ego* durch das nächtliche Köln, der mit der Zerschlagung der skelettierten Heiligen Drei Könige endet (vgl. Caput VII, S. 21 ff.), und die Begegnung des Reisenden mit Friedrich Barbarossa (vgl. Caput XV, S. 36 ff.) ist eine Traumsequenz.

Verweis auf die Rheinromantik

Neben dem Stilmittel des Traums rekurriert Heine auf die Rheinromantik. Diese entsprang vor allem der hochromantischen Lyrik Achim von Arnims und der Rheinmärchen Clemens Brentanos, in die er Elemente der Volks- und Rheinsagen eingebracht hatte. Hier stand der Rhein für eine bestimmte Geisteshaltung, nämlich der Verschmelzung von Mensch, Natur und Geschichte zu einer Einheit. Gleichzeitig wurde er zum Schicksalsstrom deutscher Geschichte erhoben und so politisiert.

Das dem Rhein gewidmete Kapitel ist Caput V. Es beginnt mit einer Strophe, die in hochromantischer Diktion gehalten ist:

„Und als ich an die Rheinbrück kam,
Wohl an die Hafenschanze,
Da sah ich fließen den Vater Rhein
Im stillen Mondenglanze."
(Caput V, S. 16, V. 314–317)

Auf den politischen Aspekt verweist Heine, wenn er den personifizierten Rhein sich über die Rheinkrise äußern lässt (vgl. S. 16 f.).

Symbol Kölner Dom

Ebenfalls ein romantisches Symbol ist der Dom in Köln. Dessen Weiterbau wurde unter dem Einfluss der romantischen Rückbesinnung auf das Mittelalter vorangetrieben: So setzen sich die Romantiker Friedrich Schlegel und Joseph von Eichendorf für die Fortführung des seit 1530 unterbrochenen Baus ein. Heine nimmt den Dom als Symbol der Romantik auf und dekonstruiert es, indem er ihn zu einem Pferdestall degradiert:

„Ja, kommen wird die Zeit sogar,
Wo man, statt ihn zu vollenden,
Die inneren Räume zu einem Stall
Für Pferde wird verwenden."
(Caput IV, S. 14, V. 273–276)

Rezeption von Kant und Fichte

Von anderer Art ist seine Rezeption der Transzendentalphilosophie Immanuel Kants und des Subjektiven Idealismus von Johann Gottlieb Fichte. Hier zeigt er sich mit der (Früh-)Romantik verbunden. Die Romantiker Friedrich Schlegel und Novalis wurden durch Kant und Fichte inspiriert. Diese inspirierten auch Heine, der sich bei seinem Entwurf eines anderen Deutschlands auf diese Philosophen bezieht.[111]

111 Dazu vgl. Aufgabe 4., S. 116.

Folgt man diesen Ausführungen, so zeigt sich Heines Romantik-Rezeption als ambivalent. Er macht sich lustig über diese Epoche und setzt sie dem Mittelalter gleich, gleichwohl verwendet er für die Romantik typische Stilmittel und verweist mit Kant und Fichte auf zwei Philosophen, die auch die frühen Romantiker beeinflussten.

Aufgabe 2 **

In *Deutschland. Ein Wintermärchen* porträtiert Heine Deutschland im Vormärz. Zeichnen Sie dieses Porträt unter Verwendung geeigneter Textzitate nach.

Mögliche Lösung: Heines Deutschland-Porträt vier Jahre vor der Revolution von 1848 ist von Tristesse geprägt. Zunächst verweist Heine auf ein Deutschland der vielen Staaten:

„Ein einiges Deutschland tut uns not,
Einig nach außen und innen."
(Caput II, S. 10, V. 121 f.)

Porträt Preußens

Einer dieser Staaten ist Preußen. Preußen dominiert Heines Porträt Deutschlands im Vormärz und so kann *Deutschland. Ein Wintermärchen* als ein Porträt Preußens in jener Zeit gelesen werden. Ein wesentliches Charakteristikum dieses Staates ist Misstrauen. Manifestiert wird dies durch die Zensur. Heine spielt in Caput II wie folgt darauf an:

„Während die Kleine von Himmelslust
Getrillert und musizieret,
Ward von den preußischen Douaniers
Mein Koffer visitieret.

Beschnüffelten alles, kramten herum
In Hemden, Hosen, Schnupftüchern;
Sie suchten nach Spitzen, nach Bijouterien,
Auch nach verbotenen Büchern."
(Caput II, S. 9, V. 79–86)

Misstrauen und Zensur

Auf Abschreckungsmaßnahmen setzende Staaten unterschätzen in der Regel die Autonomie des Individuums und seine Strategien des Widerstands. Das müssen auch die preußischen Institutionen erkennen, wie aus folgender Strophe hervorgeht:

„Ihr Toren, die ihr im Koffer sucht!
Hier werdet ihr nichts entdecken!
Die Konterbande, die mit mir reist,
Die hab ich im Kopfe stecken."
(Caput II, S. 9, V. 87–90)

Verfolgung kritischer Autoren

Ist in diesem Staat einmal ein kritischer Autor als solcher erkannt, so wird er verhaftet, ohne Rücksicht auf sein Ansehen. Dargestellt wird dies am Beispiel des Aristophanes, der in Preußen nur deshalb nicht verfolgt wird, weil er tot ist. Lebte er noch, würde ihm folgende Behandlung widerfahren:

„Dem wirklichen Aristophanes,
Dem ginge es schlecht, dem Armen;
Wir würden ihn bald begleitet sehn
Mit Chören von Gendarmen."
(Caput XXVII, S. 65, V. 2020–2023)

Unkritische Schreiberlinge

Entsprechend sind jene Autoren etabliert, die konform gehen mit den politischen Verhältnissen und den Landesfürsten schmeicheln, wie aus der folgenden Strophe unmissverständlich hervorgeht:

„Auch einen Schweinskopf trug man auf
In einer zinnernden Schüssel;
Noch immer schmückt man den Schweinen bei uns
Mit Lorbeerblättern den Rüssel."
(Caput IX, S. 27, V. 690–693)

Militarismus

Ein weiteres Kennzeichen Preußens ist sein Militarismus, mit dem der Reisende sich in Aachen konfrontiert sieht:

„Ich bin in diesem langweil'gen Nest
Ein Stündchen herumgeschlendert.
Sah wieder preußisches Militär,
Hat sich nicht sehr verändert."
(Caput III, S. 11, V. 136–139)

Dieser Militarismus geht einher mit Hochmut und Unterwürfigkeit der preußischen Bürger. Diese Unterwürfigkeit resultiert aus der rigiden Behandlung der Bürger durch den preußischen Staat, deren sie sich allerdings nicht einmal bewusst sind. Sie nehmen sie als selbstverständlich hin und verhalten sich konditioniert:

Hochmut und Unterwürfigkeit

„Noch immer das hölzern pedantische Volk,
Noch immer ein rechter Winkel
In jeder Bewegung, und im Gesicht
Der eingefrorene Dünkel.

Sie stelzen noch immer so steif herum,
So kerzengerade geschniegelt,

Als hätten sie verschluckt den Stock,
Womit man sie einst geprügelt.

Ja, ganz verschwand die Fuchtel nie,
Sie tragen sie jetzt im Innern;
Das trauliche Du wird immer noch
An das alte Er erinnern."
(Caput III, S. 11, V. 144–155)

Feige Bürger

Dieser vom rigiden preußischen Staat erzeugte Anpassungsdruck erzeugt feige Menschen. Diese Feigheit verhindert jegliches Aufbegehren:

„Ich habe mich mit dem Kaiser gezankt
Im Traum, im Traum versteht sich, –
Im wachen Zustand sprechen wir nicht
Mit Fürsten so widersetzig.

Nur träumend, im idealen Traum,
Wagt ihnen der Deutsche zu sagen
Die deutsche Meinung, die er so tief
Im treuen Herzen getragen."
(Caput XVII, S. 41, V. 1194–1201)

Parasitäre Fürsten

So kommt es, dass in Deutschland die Fürsten ein Parasiten-Dasein führen können, wie Heine am Beispiel des Königs von Hannover darstellt:

„Idyllisch sicher haust er hier,
Denn besser als alle Trabanten
Beschützet ihn der mangelnde Mut

Von unsren lieben Bekannten."
(Caput XIX, S. 46, V. 1344–1347)

Nationalismus

Ein weiteres markantes Merkmal Deutschlands im Vormärz ist der Nationalismus. Dieses Phänomen thematisiert Heine in Caput V am Beispiel des Gedichtes von Niklas Becker, in dem er den Rhein für Deutschland reklamiert (vgl. S. 16). Alles in allem zeichnet Heine das Porträt eines Landes, das allein auf Macht ausgerichtet ist und seine Bürger zur Anpassung zwingt.

Aufgabe 3***

Leiten Sie aus dem Vorwort von *Deutschland. Ein Wintermärchen* anhand geeigneter Textzitate Heines politisches Denken ab.

Vorwort: eigenständiger Text

Mögliche Lösung: Heines politisches Denken erschließt sich besonders aus dem Vorwort zu *Deutschland. Ein Wintermärchen*. Das Vorwort ist ein dem Versepos vorangestellter eigenständiger Text. In diesem Text umreißt Heine seine Poetologie („Einigen nackten Gedanken habe ich im hastigen Unmut ihre Feigenblätter wieder abgerissen [...]." S. 3, Zeile 12 f.), setzt sich mit Aristophanes, Cervantes und Molière in die Tradition großer Poeten und antizipiert die Reaktionen seiner Kritiker auf sein Versepos. Zu diesen antizipierten Reaktionen nimmt Heine Stellung und aus dieser Stellungnahme lässt sich sein politisches Denken ableiten.

Es erschließt sich aus der Paarung der Länder Frankreich-Deutschland, die Heine in Opposition zueinandersetzt. In Frankreich bzw. Paris weht „freie Luft" (S. 3, Z. 2) im Gegensatz zum „deutschen Klima" (S. 3, Z. 5). Dort gedeihen „Pharisäer der Nationalität" (S. 3, Z. 28), verschlagene, devote Subjekte, die „in der

Tagespresse den Ton angeben können, wo es gilt, jene Gegner zu befehden, die auch zugleich die Gegner ihrer allerhöchsten Herrschaften sind" (S. 3, Zeile 31 ff.). „Lakaien in schwarzrotgoldner Livree" (S. 3, Z. 34) nennt Heine sie und sieht sie dumpf und bierselig ihm seine Liebe zu Frankreich vorwerfen, was gleichbedeutend ist mit Vaterlandsverrat (vgl. S. 3, Z. 35 ff.).

Humanität als verbindendes Element

Für seine Gegner gilt dabei das Ausschlussprinzip, für Heine jedoch nicht. Er formuliert ein Bekenntnis, das bei aller Kritik an Deutschland eine Liebeserklärung an dieses Land und zugleich eine Manifestation seines politischen Denkens ist:

„Beruhigt euch. Ich werde eure Farben achten und ehren, wenn sie es verdienen, wenn sie nicht mehr eine müßige oder knechtische Spielerei sind. Pflanzt die schwarzrotgoldne Fahne auf die Höhe des deutschen Gedankens, macht sie zur Standarte des freien Menschtums, und ich will mein bestes Herzblut für sie hingeben. Beruhigt euch, ich liebe das Vaterland ebenso sehr wie ihr. Wegen dieser Liebe habe ich dreizehn Lebensjahre im Exile verlebt, und wegen ebendieser Liebe kehre ich wieder zurück ins Exil, vielleicht für immer, jedenfalls ohne zu flennen oder eine schiefmäulige Duldergrimasse zu schneiden. Ich bin der Freund der Franzosen, wie ich der Freund aller Menschen bin, wenn sie vernünftig und gut sind, und weil ich selber nicht so dumm oder so schlecht bin, als dass ich wünschen sollte, dass meine Deutschen und die Franzosen, die beiden auserwählten Völker der Humanität, sich die Hälse brächen zum Besten von England und Russland und zur Schadenfreude aller Junker und Pfaffen dieses Erdballs." (S. 3–4, Z. 37–53)

Unfreies Deutschland

Deutschland ist für Heine ein Land der Repressionen, der Unfreiheit und die deutsche Fahne ein Symbol dessen. Er dagegen glaubt an das „freie Menschtum", an die Vernunft im Sinne der Aufklärung und an die Humanität. Das „freie Menschtum" bedeutet für Heine den emanzipierten Bürger, Vernunft im Sinne der Aufklärung, eigenverantwortliches und unabhängiges Handeln. Freiheit und Vernunft bedingen die Humanität eines Volkes. Diese wiederum ist bei Heine ein einigendes Prinzip, so nennt er Deutschland und Frankreich „die beiden auserwählten Völker der Humanität".

„Dienstbarkeit" als trennendes Element

Folgt man Heine, ist Deutschland allerdings hinsichtlich „jener Gleichheitsgesetze und freien Institutionen" (S. 4, Z. 63) ein Entwicklungsland. Die „Dienstbarkeit" (S. 4, Z. 70) hindert die Transformation Deutschlands in ein freies Land. Diese Dienstbarkeit gilt es daher auszumerzen:

„... wenn wir das vollenden, was die Franzosen begonnen haben, wenn wir diese überflügeln in der Tat, wie wir es schon getan im Gedanken, wenn wir uns bis zu den letzten Folgerungen desselben emporschwingen, wenn wir die Dienstbarkeit bis in ihrem letzten Schlupfwinkel, dem Himmel, zerstören, wenn wir den Gott, der auf Erden im Menschen wohnt, aus seiner Erniedrigung retten, wenn wir die Erlöser Gottes werden, wenn wir das arme, glückenterbte Volk und den verhöhnten Genius und die geschändete Schönheit wieder in ihre Würde einsetzen, wie unsere großen Meister gesagt und gesungen und wie wir es wollen, wir, die Jünger – ja, nicht bloß Elsass und Lothringen, sondern ganz Frankreich wird uns alsdann zufallen, ganz Europa, die ganze Welt – die ganze Welt wird deutsch werden! Von dieser Sendung und Universalherrschaft Deutschlands träume ich oft, wenn ich unter Eichen wandle. Das ist mein Patriotismus." (S. 4, Z. 67–81)

Deutscher Idealismus

Dieses Zitat beginnt mit einer Anspielung auf die Französische Revolution von 1789, in deren Verlauf der Monarchie der Garaus gemacht wurde, verweist in der Folge auf die Philosophie Kants[112], Fichtes[113] sowie Hegels und endet mit einer Utopie.

Kant formuliert in seiner *Kritik der praktischen Vernunft*, dass die Vernunft den Willen des Menschen und sein praktisches Verhalten bestimmen kann. Als Persönlichkeit ist der Mensch daher frei, wobei er dem kategorischen Imperativ folgt, einer allgemeingültigen moralischen Verhaltensvorgabe. Kant betrachtet die Moral dabei als selbstgesetzlich und daher autonom. Ein Mensch, der nach dem kategorischen Imperativ handelt, handelt daher frei.

Kant, Fichte und Hegel: die Philosophie der Freiheit

Fichte ist der Philosoph des subjektiven Idealismus. Für ihn existieren zwei philosophische Grundeinstellungen, der Dogmatismus und der Idealismus. Der Dogmatiker ist nach Fichte von dem Bewusstsein geprägt, dass die äußere, ihn umgebende Welt der Dinge stärker und mächtiger ist als er selbst, so dass er sich als Konsequenz dessen dieser Welt unterordnet. Der Idealist (Fichte kreierte in diesem Zusammenhang den Terminus „das Ich") hingegen bestimmt sich durch die Freiheit mit dem Wissen, dass die Freiheit nicht eine Eigenschaft ist, die dem Menschen unabhängig von seinem Selbstbewusstsein und seinem Handeln anhängt, sondern dass Freiheit nur ist, wenn man sie aus Freiheit verwirklicht. Formuliert ist dies im folgenden Schlüsselsatz: „Nicht als bestimmt durch die Dinge, sondern als die Dinge bestimmend ist das Ich zu denken"[114].

Hegel schließlich, der Philosoph des absoluten Idealismus, formulierte, dass sich die Menschheit immer auf größere Selbsterkenntnis und Selbstentfaltung zubewege und dass die Geschichte

---

112 Immanuel Kant (1724–1804), Philosoph des dt. Idealismus und Schöpfer des kategorischen Imperativs: „Handle so, dass die Maxime deines Willens jederzeit zugleich als Prinzip einer allgemeinen Gesetzgebung gelten könne."

113 Johann Gottlieb Fichte (1762–1814) war Anhänger der Französischen Revolution und Verächter feudalreaktionärer Verhältnisse.

114 Schmidt, Heinrich: *Philosophisches Wörterbuch*, S. 187.

eine eindeutige Entwicklung hin zu immer mehr Rationalität und Freiheit zeige. Agens dieser Entwicklung ist nach Hegel die Dialektik: Einer These folgt die Antithese, daraus ergibt sich schließlich eine Synthese, die nach einiger Zeit zu einer neuen These wird.

Kosmopolitismus anstelle von Nationalismus

Auf diese Philosophien also bezieht sich Heine, wenn er schreibt, dass Deutschland Frankreich in Gedanken überflügelt hat, wenn auch noch nicht in der Tat, wobei wir wieder bei dem Status des Entwicklungslandes sind. Heines Utopie ist ein offenes, geeintes Europa und schließlich eine geeinte Welt mit Deutschland als Pionier. Grenzen verschwinden, Nationalstaaten lösen sich auf, Kriege werden überflüssig. Heine setzt ein großes umfassendes Denken gegen ein beschränktes, nationalstaatlich ausgerichtetes Agieren. Dem Nationalismus setzt er Kosmopolitismus entgegen, dem Provinzialismus Weltbürgertum. Hinter alldem steht Heines vom Geist der Humanitas durchdrungene Gesinnung.

Aufgabe 4 ***

Zeigen Sie die Strategie Heinrich Heines, mit der er *Deutschland. Ein Wintermärchen* vor Zensurmaßnahmen zu schützen versucht.

Selbstzensur

Mögliche Lösung: Die Frage nach der Strategie der Zensurumgehung impliziert die Frage, wie neben den preußischen Behörden auch der Gottvater der Zensur, Klemens Wenzel Lothar von Metternich, „ausgetrickst" werden soll. Heine versucht dies mit der Methode der Selbstzensur, der verharmlosenden Genrebezeichnung des Versepos als „versifizierte Reisebilder"[115] und durch den intelli-

115 Heine in einem Brief an seinen Verleger Campe; versifizieren: in Versform bringen.

genten Einsatz rhetorischer Mittel, dem Rekurs auf die Mythologie und die abendländische Dichtung. Dass Heine sich selbst zensiert hat, geht aus dem folgenden Zitat hervor:

„Um den Einzeldruck veranstalten zu können, musste mein Verleger das Gedicht den überwachenden Behörden zu besonderer Sorgfalt überliefern, und neue Varianten und Ausmerzungen sind das Ergebnis dieser höheren Kritik." (Vorwort, S. 5, Z. 105 ff.)

Irreführende Genrebezeichnung

Dieses Zitat ist allerdings nicht die Diktion eines an die Grenzen seines Könnens stoßenden Autors, sondern die eines Schriftstellers, der an den von den Behörden oktroyierten Bedingungen seinen Stil verfeinert und so „neue Varianten und Ausmerzungen" einsetzt. So zeigt sich Heine stilistisch flexibel, wobei die „Auseinandersetzung mit den gesellschaftlichen und politischen Strömungen seiner Zeit" (Nachwort, S. 68) und somit Heines Kritik davon unberührt bleibt. Der Einsatz des rhetorischen Mittels der Ironie verleiht dieser Strategie dabei eine gewisse Geschmeidigkeit.

Trojanisches Pferd

Diese Geschmeidigkeit zeigt Heine beispielsweise, indem er *Deutschland. Ein Wintermärchen* als „versifiziertes Reisebild" beschreibt. So wird eine Genrebezeichnung (Reisebild) zu einem trojanischen Pferd, mit dem eine subversive Botschaft transportiert werden kann. Die intelligente Verwendung der rhetorischen Mittel Metapher und Symbol sowie der Rekurs auf die Mythologie ist ebenfalls Mittel zum Zweck der Zensurumgehung.

Deutschland, das erstarrte Land

Wie bereits in Kapitel 3.6 Stil und Sprache (Stilmittel, S. 82) gezeigt, verwendet Heine zahlreiche Metaphern und so ist auch der Titel seines Versepos metaphorisch zu verstehen. Heine möchte den Winter hier nicht als Jahreszeit verstanden wissen, sondern als den Zustand eines Landes, in dem politische, künstlerische und gesellschaftliche Zustände erstarrt sind. Gleichzeitig erscheint die Veränderung dieser Zustände als märchenhaft. In einer weiteren Metapher stellt Heine seine eigene Schutzlosigkeit in Preußen dar:

„Von Köllen bis Hagen kostet die Post
Fünf Taler und sechs Groschen preußisch.
Die Diligence war leider besetzt,
Und ich kam in die offene Beichais."
(Caput VIII, S. 24, V. 589–592)

Schutzlosigkeit Heines

Im Gegensatz zur Diligence ist die Beichais ein offenes Gefährt, Heine ist also angreifbar. Der Stuhl der Hammonia (vgl. Caput XXVI, S. 61 f.) ist ebenfalls eine Metapher. Sie kann entschlüsselt werden als Abtritt mit Deutschland als stinkender Kloake.

Auch der Einsatz verschiedener Symbole dient, wie schon erwähnt, der Zensurumgehung. Neben dem den preußischen Adler symbolisierenden „Vogel" sind die wichtigsten Symbole die Heiligen Drei Könige, Hammonia, Germania sowie das Nationalsymbol Barbarossa.

Die Heiligen Drei Könige als die Heilige Allianz

Die Heiligen Drei Könige symbolisieren, wie bereits früher ausgeführt (vgl. S. 67), die Heilige Allianz, bestehend aus den Ländern Preußen, Österreich und Russland. Heine schafft mit den folgenden Strophen die entsprechende Verknüpfung:

„Die Heil'ge Allianz des Morgenlands,
Die jetzt kanonisieret,
Sie hat vielleicht nicht immer schön
Und fromm sich aufgeführet.

Der Balthasar und der Melchior,
Das waren vielleicht zwei Gäuche,

Die in der Not eine Konstitution
Versprochen ihrem Reiche,

Und später nicht Wort behalten – Es hat
Herr Gaspar, der König von Mohren,
Vielleicht mit schwarzem Undank sogar
Belohnt sein Volk, die Toren!"
(Caput IV, S. 15, V. 297–308)

Verschlüsselte Kritik an Friedrich Wilhelm III.

In dieser letzten Strophe spielt Heine auf den preußischen König Friedrich Wilhelm III. an, der im Zuge der Befreiungskriege gegen Napoleon den Bürgern im Falle eines Sieges gegen den französischen Kaiser eine liberale Verfassung versprochen hatte. Dieses Versprechen löste er nicht ein. Welchen Stellenwert die Heilige Allianz im Denken Heines hat, erschließt sich aus folgender Strophe:

„Fort! Fort von hier! Im tiefen Grab
Ist eure natürliche Stelle.
Das Leben nimmt jetzt in Beschlag
Die Schätze dieser Kapelle."
(Caput VII, S. 23, V. 568–571)

Wenn Heine schließlich die Heiligen Drei Könige von seinem *Alter Ego* zerschlagen lässt (vgl. Caput VII, S. 23), meint er selbstverständlich das Staatenbündnis der Heiligen Allianz, das für ihn zerschlagen gehört. Eine politisch brisante Aussage hat er also via Symbol verschlüsselt.

Hammonia als Medium

Auch die Göttin Hammonia dient der Verschlüsselung. Sie ist die Figur im Versepos, die den Umgang mit kritischen Menschen in Deutschland zusammenfassend formuliert:

„Gesetzlose Willkür herrschte nie,
Dem schlimmsten Demagogen
Ward niemals ohne Urteilsspruch
Die Staatskokarde entzogen.

So übel war es in Deutschland nie,
Trotz aller Zeitbedrängnis –
Glaub mir, verhungert ist nie ein Mensch
In einem deutschen Gefängnis."
(Caput XXV, S. 59, V. 1814–1821)

Geschundenes Germanien

Hammonia ist hier eine Art Medium, das diese Aussagen transportiert. Die mythologischen Figuren Germania und Barbarossa sind ebenfalls Träger einer für Heine gefährlichen politischen Botschaft.

„Die Mörder, die gemeuchelt einst
Die teure, wundersame,
Goldlockichte Jungfrau Germania –
‚Sonne, du klagende Flamme!'"
(Caput XIV, S. 36, V. 1003–1005)

Hier ist ohne jeden Zweifel Deutschland gemeint, das von einer verbrecherischen, von Eigeninteressen gelenkten Clique zerstört worden ist. Der Mythos von Barbarossa, der zugleich Nationalsymbol ist, wird ebenfalls als Codierung einer politischen Botschaft eingesetzt, die ihren Höhepunkt findet in der Forderung nach der Republik.

Am Schluss seines Versepos lässt Heine dem preußischen König Friedrich Wilhelm IV. eine unmissverständliche Warnung zukommen. Auch das tut er selbstverständlich verschlüsselt:

„Kennst du die Hölle des Dante nicht,
Die schrecklichen Terzetten?
Wen da der Dichter hineingesperrt,
Den kann kein Gott mehr retten –

Kein Gott, kein Heiland, erlöst ihn je
Aus diesen singenden Flammen!
Nimm dich in Acht, dass wir dich nicht
Zu solcher Hölle verdammen."
(Caput XXVII, S. 66, V. 2056–2063)

Drohung via Weltliteratur

Wie bereits erwähnt, rekurriert Heine hier auf die epochale *Göttliche Komödie* des Dante Alighieri (vgl. S. 60). Mit diesem Vorgehen kann er dem König eine Warnung zukommen lassen, ohne ihm offen – durch die Nennung seines Namens – zu drohen.

LITERATUR

Zitierte Ausgabe:

Heine, Heinrich: *Deutschland. Ein Wintermärchen*. Heftbearbeitung: Elke und Uwe Lehmann. Husum: Hamburger Lesehefte Verlag, 2015.

Biografisches:

Fricke, Wolfgang: *Heinrich Heine - Leben, Leiden, Werk und Hintergrund.* http://www.heinrich-heine-denkmal.de/heine-texte/romantik.shtml. → Informative Seite über das Leben Heines mit Anmerkungen zum zeitgeschichtlichen Hintergrund, Zitaten etc. (abgerufen am 22.07.2016).

Hosfeld, Rolf: *Heinrich Heine. Die Erfindung des europäischen Intellektuellen.* München: Siedler, 2014. → Aktuelle Biografie. Sie stellt das Weltbürgertum Heines in den Mittelpunkt.

Hupfer, Cordula: *Mit Heine durch Düsseldorf.* 2. Auflage. Düsseldorf: Droste, 2015. → Über Heines Zeit in Düsseldorf: zur Annäherung an den Menschen Heine sehr zu empfehlen.

Kopelew, Lew: *Ein Dichter kam vom Rhein. Heinrich Heines Leben und Leiden.* Berlin: Severin und Siedler, 1981.

Liedtke, Christian: *Heinrich Heine.* Rowohlts Monographie. 3. Auflage. Hamburg: 1999. → Enthält die grundlegenden biografischen Informationen zu Heine.

Zu *Deutschland. Ein Wintermärchen:*

Bellmann, Werner: *Heinrich Heine. Deutschland. Ein Wintermärchen.* Erläuterungen und Dokumente. Stuttgart: Reclam, 1980.

Hohendahl, Peter Uwe: *Heinrich Heine: Europäischer Schriftsteller und Intellektueller.* Berlin: Erich Schmidt Verlag, 2008.

Kölsch, Hanskarl: *Heinrich Heine. Zeit – Leben – Werk. Ein Wintermärchen.* Norderstedt: Books on Demand, 2010.

Pfister, Wolfgang: *Interpretation zu Heinrich Heine: Deutschland. Ein Wintermärchen*. Königs Erläuterungen Band 62. Hollfeld: Bange, 2. Auflage 2005. → Vorläufer dieses Buches.

Klassiker der Weltliteratur: *Heinrich Heine – Deutschland. Ein Wintermärchen.* 18.12.2009. http://www.br.de/fernsehen/ard-alpha/sendungen/klassiker-der-weltliteratur/heinrich-heine-deutschland-ein-wintermaerchen100.html → Fernsehbeitrag des BR (abgerufen am 21.07.2016).

Übergreifende Darstellungen: Literatur/Philosophie

Brenner, Peter J.: *Neue deutsche Literaturgeschichte*. Tübingen: Niemeyer 1996.

Davies, Steffan; Schonfield, Ernest (Hrsg.): *Alfred Döblin: Paradigms of Modernism.* Berlin: Walter de Gruyter, 2009.

Gedö, András: *Philosophie zwischen den Zeiten. Auseinandersetzungen um den Philosophiebegriff im Vormärz.* In: Walter Jaeschke (Hrsg.): Philosophie und Literatur im Vormärz. Der Streit um die Romantik (1820–1854). Hamburg: Felix Meiner Verlag, 1995. S. 1–39.

Meid, Volker: *Sachwörterbuch zur deutschen Literatur.* Stuttgart: Reclam, 1999.

Rothmann, Kurt: *Kleine Geschichte der deutschen Literatur*. Stuttgart: Reclam, 1997.

Schmidt, Heinrich: *Philosophisches Wörterbuch*. Stuttgart: Kröner, 1982.

http://www.fernuni-hagen.de/EUROL/termini/welcome.html → Informatives literaturwissenschaftliches Online-Lexikon (abgerufen am 30.06.2016).

Übergreifende Darstellungen: Geschichte

Kinder, Hermann; Hilgermann, Werner: *dtv-Atlas zur Weltgeschichte. Band II: Von der Französischen Revolution bis zur Gegenwart.* München: Deutscher Taschenbuchverlag, 1983. → Handliches Kompendium, das einen guten Überblick über relevante historische Daten erlaubt.

Junges Deutschland und Vormärz. http://www.literaturwelt.com/epochen/vormaerz.html → Hilfreicher Überblick über die literarische und zeitgeschichtliche Epoche

Weitere Internetquellen:

Heinrich-Heine-Portal: http://hhp.uni-trier.de/Projekte/HHP/ → Gutes Portal mit biografischen Daten, Briefen, zeitgenössischen Drucken etc. (abgerufen am 01.06.2016)

Heinrich-Heine-Portal: http://www.heinrich-heine.net/haupt.htm → Umfangreiches Portal mit umfassenden, weiterführenden Informationen.

Heinrich-Heine-Institut: https://www2.duesseldorf.de/heineinstitut/institut.html → Seite des Heinrich-Heine-Instituts der Stadt Düsseldorf (abgerufen am 02.07.2016).

Heines Gedicht gegen die Tendenzpoeten: http://gutenberg.spiegel.de/buch/zeitgedichte-5941/15 (abgerufen am 23.07.2016)

Der Rhein in der Lyrik: http://www.jhelbach.de/dichtung/rheinli.htm#Rhein → Hier findet man die im *Wintermärchen* erwähnten Gedichte von Becker und Alphons de Lamartine (abgerufen am 23.07.2016).

Gedicht von Georg Herwegh: http://www.deutschestextarchiv.de/book/view/herwegh_gedichte02_1843?p=143 (abgerufen am 23.07.2016)

STICHWORTVERZEICHNIS

Alter Ego 37, 43, 67, 106
Analepse 7, 62
Aristophanes 59, 76, 85, 89, 109, 112
Aufklärung 113
Aufstand der schlesischen Weber 15, 21
Barbarossa 7, 8, 38, 47–50, 62, 64, 67, 78, 106, 118, 120
Becker, Niklas 42, 112
Biedermeier 22
Biermann, Wolf 94
Börne, Carl Ludwig 12, 14, 23, 28, 29, 89
Brecht, Bertolt 85
Buch der Lieder 12, 26, 28
Büchner, Georg 23, 24, 85
Campe, Julius (Verleger) 12, 23, 31, 34, 36, 38, 39, 54, 65, 66
Cervantes, Miguel de 69, 89, 99, 112
Deutscher Bund 16, 17
Deutscher Idealismus 114, 115
Fallersleben, August Heinrich Hoffmann von 23, 24, 95
Fichte, Johann Gottlieb 42, 107, 108, 115
Friedrich Wilhelm IV., preußischer König 7, 21, 38, 41, 53, 59, 60, 63, 68, 120
Hammonia 7, 8, 38, 56, 57, 64, 67, 68, 76, 80, 118–120
Hegel, Georg Wilhelm Friedrich 11, 23, 42, 115, 116
Heilige Allianz 18, 66, 118, 119
Heine, Salomon 10, 12, 15, 66
Hermann der Cherusker 37, 45, 75, 77
Hl. Drei Könige 37, 41, 44, 64, 67, 106, 118, 119
Hutten, Ulrich von 41, 86
Junges Deutschland 16, 23, 28, 29, 86
Kant, Immanuel 42, 107, 108, 115
Karlsbader Beschlüsse 16, 19
Karlsbader Kongress 18, 35
Karsch, Anna Louisa 49, 84
Kölner Dom 37, 41, 43, 67, 107
Körner, Theodor 69, 84
Marx, Karl 6, 14, 15, 35
Menzel, Wolfgang 56, 86
Metrik 61
Metternich, Klemens Wenzel Lothar von 16–19, 116

Mirat, Augustine Crescence (Mathilde) 13, 14, 34
Mythen/Mythologie 8, 74, 77, 78, 80, 117
Napoleon 7, 9, 16–18, 27, 43, 44, 119
Neue Gedichte 6, 26, 29, 34
Pastiche 74, 76, 77
Reisebericht 11, 27, 99–101
Reisebilder 12, 26, 27, 52, 65, 100
Restauration 6, 16, 17, 20, 31, 102
Rheinkrise 67, 107
Romantik 21, 26, 28, 40, 95, 104, 105, 107, 108, 123
Satire 8, 29, 74, 75, 77, 101, 102
Schlegel, August Wilhelm 10, 28
Schlegel, Friedrich 104, 107
Schwäbische Dichterschule 56, 86
Sieveking, Karl 34
Symbol 8, 41, 44, 65, 67, 71, 83, 105, 107, 113, 117–120
Varusschlacht 37, 45, 75, 77
Volksliedstrophe 7, 61
Vormärz 6, 20, 22–24, 62, 88, 108, 112, 123, 124
Wiener Kongress 16
Zensur 8, 16, 19, 34–36, 39, 40, 57, 82, 108, 109, 116–118
Zollverein 17, 40, 66